Aan de slag met Excel 2016

Aan de slag met Excel 2016

De essentiële onderwerpen voor de professional

Derde druk

Ben Groenendijk

Boom

inclusief website!

Met behulp van onderstaande unieke activeringscode kunt u toegang krijgen tot www.Academicx.nl voor extra materiaal. Deze code is persoonsgebonden en gekoppeld aan de 3e druk. Na activering van de code is de website 3 jaar toegankelijk. De code kan tot zes maanden na het verschijnen van een volgende druk geactiveerd worden.

55308-R82TS

Meer informatie over deze en andere uitgaven kunt u vinden via www.boomuitgeversamsterdam.nl

© 2016 Ben Groenendijk
© 2016 Boom uitgevers Amsterdam

1e druk 2013
3e druk 2016

Zetwerk: Nu-nique grafische vormgeving, Goor
Omslagontwerp: Carlito's Design, Amsterdam
Basisontwerp binnenwerk en omslag: Studio Bassa, Culemborg

ISBN 9789058755308
NUR 123/991

Behoudens de in of krachtens de Auteurswet gestelde uitzonderingen mag niets uit deze uitgave worden verveelvoudigd, opgeslagen in een geautomatiseerd gegevensbestand, of openbaar gemaakt, in enige vorm of op enige wijze, hetzij elektronisch, mechanisch, door fotokopieën, opnamen of enige andere manier, zonder voorafgaande schriftelijke toestemming van de uitgever.

Voor zover het maken van reprografische verveelvoudigingen uit deze uitgave is toegestaan op grond van artikel 16h Auteurswet dient men de daarvoor wettelijk verschuldigde vergoedingen te voldoen aan de Stichting Reprorecht (Postbus 3051, 2130 KB Hoofddorp, www.reprorecht.nl). Voor het overnemen van (een) gedeelte(n) uit deze uitgave in bloemlezingen, readers en andere compilatiewerken (art. 16 Auteurswet) kan men zich wenden tot de Stichting PRO (Stichting Publicatie- en Reproductierechten Organisatie, Postbus 3060, 2130 KB Hoofddorp, www.stichting-pro.nl).

No part of this book may be reproduced in any form, by print, photoprint, microfilm or any other means without written permission from the publisher.

Voorwoord

Veel boeken over Excel leggen óf in kleine stapjes alleen de basisbegrippen uit óf zijn juist zeer uitputtend en gaan uitgebreid in op alle mogelijkheden die het programma kent. Dit boek behandelt alleen de essentiële onderwerpen die voor de (toekomstige) professional op HBO/WO-niveau van belang zijn. Het is dan ook een praktisch boek, bedoeld voor iedereen die Excel veel gebruikt of wil gaan gebruiken voor studie of werk. De professionals die al met het programma werken zullen na het lezen ervan een veel hoger rendement halen uit hun modellen.

Alle onderwerpen in dit boek worden met concrete praktijkvoorbeelden stap-voor-stap toegelicht en zijn voorzien van relevante schermafdrukken. De voorbeeldbestanden zijn met de code op de pagina hiernaast beschikbaar op de portal www.AcademicX.nl zodat je de acties ook stapsgewijs zelf kunt uitvoeren. Tevens zijn daar ook de uitwerkingen van de voorbeelden te vinden. Van de meeste onderwerpen zijn filmpjes beschikbaar die de acties in Excel toelichten. Bij ieder onderwerp zijn relevante opgaven opgenomen, waarin de opgedane kennis praktisch kan worden geoefend. Ook van die opgaven zijn de uitwerkingen op AcademicX.nl te vinden. Na het bestuderen van dit boek beschik je dan ook over alle kennis en tools binnen Excel die noodzakelijk zijn om professioneel met het programma om te kunnen gaan.

Aan de slag met Excel is geschikt voor zowel Windows- als Apple-gebruikers. Alle schermafdrukken komen echter uit Excel 2016 (Windows), die voor de Excel 2013- of Apple-gebruikers soms licht kunnen verschillen met wat zij op hun scherm zien. Bij grotere verschillen tussen de versies wordt dat toegelicht in de tekst. Bij het gebruik van een mobiele versie van Excel (tablet of smartphone) zijn niet alle onderdelen van Excel beschikbaar.

Het is niet nodig al voorkennis te hebben van Excel om met dit boek aan de slag te gaan. Uitgangspunt is dat je de basisacties van toepassingsapplicaties, bijvoorbeeld Microsoft Word, beheerst. Dan gaat het om zaken als kopiëren, plakken, selecteren, openen en opslaan van bestanden, tekst vet of cursief maken, en dergelijke. Wie dat kan zal met dit boek zeker uit de voeten kunnen.

Van alle voorbeelden en opgaven zijn de verwachte uitkomsten vermeld. De volledige uitwerkingen van de voorbeelden en opgaven zijn beschikbaar, inclusief filmpjes over de onderwerpen, met de code op de pagina hiernaast via de portal www.AcademicX.nl.

Vragen, opmerkingen of trainingen naar aanleiding van dit boek zijn welkom. Stuur deze aan b.j.groenendijk@hr.nl.

februari 2016
Ben Groenendijk

Inhoud

Voorwoord		v
1	Basis	1
	1.1 Tekst, getallen en berekeningen	1
	1.2 Functie invoeren	5
	1.3 Sorteren	10
	1.4 Relatieve en absolute verwijzingen	12
	1.5 Filteren	14
	1.6 Navigeren	18
2	Excel financieel	21
	2.1 Financieel	21
	2.2 Afronden	29
3	Voorwaardelijke functies	31
	3.1 Functie ALS()	31
	3.2 Geneste functie ALS()	36
	3.3 Meerdere condities	40
4	Zoeken	45
	4.1 Verticaal zoeken, exacte waarde	45
	4.2 Verticaal zoeken in bereik	49
	4.3 Horizontaal zoeken	53
	4.4 Frequentietabel	54
5	Grafieken en voorspellen	61
	5.1 Grafieken	61
	5.2 Voorspellen / Forecasten	71
	5.3 Sparklines (minigrafieken)	77
6	Draaitabellen	79
7	Scenario's en Oplosser (Solver)	89
	7.1 Scenario's	89
	7.2 Oplosser (Solver)	91

8	Opmaak, lijsten, tijd, beveiliging	97
	8.1 Voorwaardelijke opmaak	97
	8.2 Keuzelijsten	100
	8.3 Rekenen met tijd	102
	8.4 Beveiliging	104
9	Macro's	109
	9.1 Macro's opnemen	110
	9.2 Macro's importeren	115
	Index	119

Hoofdstuk 1
Basis

Dit hoofdstuk gaat over de basisvaardigheden van Excel. Allereerst wordt uiteengezet hoe je tekst, getallen en een berekening kunt invoeren (paragraaf 1.1). Vervolgens komen de verschillende manieren om een functie in te voeren aan de orde (paragraaf 1.2), hoe te sorteren (paragraaf 1.3) en wat relatieve en absolute verwijzingen zijn (paragraaf 1.4). Filteren van een verzameling gegevens is het onderwerp van paragraaf 1.5 en dit hoofdstuk sluit af met hoe je snel door een werkblad kunt navigeren (paragraaf 1.6).

Er is een filmpje bij dit onderwerp beschikbaar: 1-1 Introductie Excel.

> **Opmerking**
> De bestanden die in dit hoofdstuk en de volgende hoofdstukken worden genoemd zijn alle te vinden op de portal www.AcademicX.nl, met gebruik van de code op de colofonpagina. Ook de filmpjes zijn daar te vinden.

1.1 Tekst, getallen en berekeningen

Voorbeeld 1.1

1. Open het bestand *Voorbeelden 1.xlsx* en selecteer hierin werkblad *Voorbeeld 1.1*. Als dat niet zichtbaar is, klik dan op de pijltjes linksonderaan, naast de werkbladtabbladen. In Excel heb je een werkblad met *rijen* en *kolommen*. Het snijpunt van een rij en een kolom wordt *cel* genoemd. Kolommen worden aangegeven met letters en rijen met cijfers. Bijvoorbeeld kolom B en rij 3. Het snijpunt van die twee heeft dan de celnaam B3. Als je de cel selecteert, wordt de rand van de cel vet weergegeven, de *celwijzer*. Na kolom Z begint Excel met de kolommen AA, AB etc. In een cel kun je maar drie belangrijke acties uitvoeren: tekst invoeren, een getal invoeren of een berekening neerzetten.
2. Plaats in cel A1 de tekst **Omschrijving**, in cel B1 de tekst **Aantal**, in cel C1 de tekst **Prijs/Stuk** en in cel D1 de tekst **Subtotaal**, zie figuur 1.1. Merk op dat de tekst *Omschrijving* breder is dan de breedte van de kolom. Na het invullen van de tekst *Aantal* is een deel van de tekst *Omschrijving* onleesbaar. De breedte van kolommen is eenvoudig aan te passen. Plaats de muiswijzer tussen de kolomkoppen A en B (zie figuur 1.1) en dubbelklik. Kolom A wordt dan passend gemaakt. Je kunt ook op die positie slepen om de kolom breder te maken.

Merk verder op dat tekst standaard links wordt uitgelijnd in een cel.

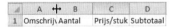

Figuur 1.1

3. Vul zelf enige tekst in onder *Omschrijving* en enige getallen onder de tekst *Aantal*, zie figuur 1.2. Merk op dat getallen standaard rechts worden uitgelijnd in een cel.
4. Plaats onder de tekst *Prijs/stuk* de getallen **7,25**; **89,50** en **12,90**, zie figuur 1.2. Merk op dat in de Nederlandse versie decimalen met een komma ingevoerd moeten worden en dat bovendien van de getallen 89,50 en 12,90 de laatste 0 niet wordt getoond.

	A	B	C	D
1	Omschrijving	Aantal	Prijs/stuk	Subtotaal
2	Hamer	12	7,25	
3	Boormachine	5	89,5	
4	Zaag	5	12,9	

Figuur 1.2

5. Selecteer de cellen C2:C4 (notatie voor de cellen C2 t/m C4) en klik in het lint *Start*, groep *Getal* op *Financiële getalnotatie*, zie figuur 1.3. Microsoft noemt de bovenste tabbladen, linten, zoals bekend uit onder andere Word. Zo is er een lint *Start*, *Invoegen*, *Pagina-indeling*, etc. Op een lint zitten diverse knoppen die een actie uit kunnen voeren. Die knoppen zijn logisch bij elkaar gezet in groepen. Zo zijn dat op het lint *Start* de groepen *Klembord*, *Lettertype*, *Uitlijning*, *Getal*, etc. De knop *Financiële getalnotatie* toont de geselecteerde getallen als valuta, met een €-teken en twee cijfers achter de komma. De knop *Financiële getalnotatie* bestaat eigenlijk uit twee delen. Een icoontje met biljetten en munten en direct rechts daarvan een driehoekje (pijltje naar beneden). Als je die selecteert kunnen andere valuta's geselecteerd worden, zie figuur 1.4.

Figuur 1.3

Figuur 1.4

6. Selecteer cel D2. In die cel wordt een berekening geplaatst. Alle berekeningen die je met een rekenmachine kunt invoeren, zijn hier ook in te voeren. Dus, optellen, aftrekken, vermenigvuldigen, delen, toepassen van haakjes, worteltrekken, machtsverheffen, etc. Alleen gaat dat invoeren anders dan op een rekenmachine. Voor het berekenen van het subtotaal in cel D2, zou je op een rekenmachine invoeren: 12 × 7,25 =. In Excel *begint* iedere berekening met het =-teken. Excel weet dan, er volgt nu geen tekst of een getal, maar een berekening. Daarna worden de getallen niet ingevoerd, maar wordt verwezen naar de cellen waar de getallen staan.

Voer in cel D2 in: **=B2*C2** en druk op de Enter-toets, zodat het antwoord wordt getoond.

Selecteer opnieuw cel D2. Het antwoord van de berekening staat nu in cel D2, zie figuur 1.5. In cel D2 staat nu ook een getal (87,00), maar het is een berekening. Die berekening is te zien in de *formulebalk*, =B2*C2, zie figuur 1.6. Het teken voor vermenigvuldigen is * in plaats van de gebruikelijke x.

	A	B	C	D	E
1	Omschrijving	Aantal	Prijs/stuk	Subtotaal	
2	Hamer	12	€ 7,25	€ 87,00	
3	Boormachine	5	€ 89,50		
4	Zaag	5	€ 12,90		

Figuur 1.5

Figuur 1.6

7. Het handmatig intoetsen van formules is omslachtig en een typefout is snel gemaakt, zeker als je bijvoorbeeld =A123*D141 moet invoeren. Leer aan de cellen niet in te toetsen, maar de cellen te selecteren met de cursortoetsen , muis of door aanraking indien gebruik wordt gemaakt van een touchscreen.
Verwijder de formule in cel D2 (met de Del-toets of via lint *Start*, groep *Cellen*, *Verwijderen*). Toets =, selecteer daarna met de cursortoetsen, muis of aanraking cel B2, toets daarna het *-teken in en vervolgens selecteer je met de cursortoetsen of muis cel C2. Druk daarna op de Enter-toets om het antwoord te tonen. Het resultaat is vanzelfsprekend hetzelfde. Voer vanaf nu berekeningen op deze manier in. Het is in het begin even wennen, maar daarna wordt het een automatisme.
In het boek wordt uitgegaan van het gebruik van toetsenbord en muis. Touchscreengebruikers kunnen uiteraard de equivalente handelingen gebruiken.

8. Voor de twee andere rijen zou je hetzelfde kunnen doen, maar nu komt de kracht van Excel. Selecteer cel D2. De celrand wordt vet weergegeven, dit wordt de celwijzer genoemd. Rechtsonder bevindt zich een klein vierkantje, de *vulgreep*, zie figuur 1.7. Als je die aanwijst met de muis, verandert je muiswijzer in een zwart +-teken en kun je die cel (inclusief de formule) doortrekken naar beneden voor de overige twee rijen. De formules voor de twee andere cellen worden hierbij automatisch aangepast. Zodoende kun je gemakkelijk een aantal rijen berekenen door slechts één keer een formule in te vullen. Op deze manier maakt het niet uit of je drie dezelfde berekeningen moet maken, zoals in het voorbeeld, of 300.

	A	B	C	D	E
1	Omschrijving	Aantal	Prijs/stuk	Subtotaal	
2	Hamer	12	€ 7,25	€ 87,00	
3	Boormachine	5	€ 89,50		
4	Zaag	5	€ 12,90		
5					

Figuur 1.7

9. Plaats in cel C6 de tekst **Totaal** en in cel D6 de berekening **=D2+D3+D4** die het totale bedrag uitrekent (599,00). Je kunt de berekening zo invoeren, maar beter is: =-toets, dan cel D2 selecteren, +-toets, dan cel D3 selecteren, +-toets, D4 selecteren en dan de Enter-toets.
10. Verander het aantal van Hamer in 14. Het subtotaal verandert direct en ook het totale bedrag.
11. Zorg dat de kopregel *Omschrijving* tot en met *Subtotaal* vet wordt getoond.

Er zijn binnen Excel wat afwijkende tekens voor berekeningen, zo moet je voor vermenigvuldigen het *-teken gebruiken in plaats van het x-teken op je rekenmachine, zie figuur 1.8.

Bewerking	Excel-teken	Voorbeeld
Optellen	+	=A13+C15
Aftrekken	-	=A13-C15
Vermenigvuldigen	*	=A13*C15
Delen	/	=A13/C15
Machtsverheffen	^	=A13^3
Worteltrekken	^0,5	=A13^0,5

Figuur 1.8

Om het invoeren van een formule in Excel nog een keer te oefenen, volgt nog een voorbeeld.

▄▄▄ Voorbeeld 1.2

Wat is de eindwaarde als je een kapitaal een aantal jaren op de bank zet, tegen een vast rentepercentage? Hier is dus sprake van samengesteld interest (rente-op-rente). De formule hiervoor is:

$$EW = K * (1 + i)^n$$

waarbij:
EW: Eindwaarde na afloop van de looptijd
K: Het kapitaal (bedrag) dat je hebt ingelegd.
i: Interest, rente die men ontvangt gedurende de looptijd
n: Aantal jaren dat het kapitaal vaststaat, de looptijd.

1. Open het bestand *Voorbeelden 1.xlsx*, en selecteer hierin werkblad *Voorbeeld 1.2*.
2. Selecteer cel B7 en voer nu de formule in: **=B4*(1+B5)^B6**. Voer dit met celverwijzingen in, dus eerst = intypen, dan cel B4 aanwijzen, dan ***(1+** intypen, dan B5 selecteren, **)^** intypen, B6 selecteren en als laatste de Enter-toets. Merk op dat als bij het intypen van het ^-teken niets gebeurt, je op de spatiebalk moet drukken. Het antwoord is: 1410,59876.
3. Selecteer cel B7 en klik op lint *Start*, groep *Getal*, op de valutaknop (Financiële getalnotatie).
4. Voer zelf enige andere waarden in voor kapitaal, rente en looptijd voor het automatisch berekenen van een nieuwe eindwaarde.

Opgave 1.1

1. Open bestand *Opgaven 1.xlsx* en selecteer werkblad *Opgave 1.1*. Als dat niet zichtbaar is, klik dan op de pijltjes linksonderaan', naast de werkbladtabladen.
2. Maak de kolommen breder, zodat de kolomteksten volledig leesbaar zijn.
3. Zorg dat kolom *Huurprijs/maand* in euro's wordt weergegeven.
4. Bereken het subtotaal voor cel D2 (Gebruikt (aantal/maand) × Huurprijs/maand) en kopieer die formule via de vulgreep automatisch naar de drie overige rijen.
5. Zorg dat het totaal van de vier rijen wordt getoond in cel D7.
6. De kolomteksten *Soort container* tot en met *Subtotaal* moeten vet worden weergegeven.

Opgave 1.2

1. Open bestand *Opgaven 1.xlsx* en selecteer werkblad *Opgave 1.2*.
2. Bij voorraadbeheer zijn de totale kosten voor het houden van voorraad te berekenen met de formule: Totale kosten = D /Q* Cb + (Q / 2 + Vv) *Cv. D: Jaarvraag van het product, Q: bestelgrootte, Cb: bestelkosten, Vv: veiligheidsvoorraad, Cv: voorraadkosten per stuk. Bereken in cel B8 de totale kosten. Het antwoord is: € 32.062.500,00. In eerste instantie krijg je ########## te zien. Kolom B is te smal voor het bedrag. Maak daarom kolom B breder (zie eventueel figuur 1.1).

1.2 Functie invoeren

Excel kent een groot aantal functies. In deze paragraaf worden enkele daarvan getoond en hoe je ze kunt invoeren. In volgende hoofdstukken worden nog veel meer functies toegelicht.

In de vorige paragraaf is in het voorbeeld een aantal getallen opgeteld. Als er meer dan drie getallen zijn, is dat een omslachtige methode. Daarvoor bestaat de functie =SOM(). Hiermee kun je een reeks getallen optellen.

▰▰ Voorbeeld 1.3

1. Open het bestand *Voorbeelden 1.xlsx* en selecteer hierin werkblad *Voorbeeld 1.3*.
2. Selecteer cel H2 en toets in **=SOM(**, selecteer vervolgens cellen **A2:G2** en druk op de Enter-toets. De getallen in het bereik A2 tot en met G2 worden opgeteld (254).
3. Selecteer opnieuw cel H2. In de formulebalk staat nu de functie =SOM(A2:G2). Merk op dat je het laatste haakje niet hoeft in te voeren, dat wordt automatisch aangevuld. Een functie heeft een naam en altijd twee haakjes (...). Binnen de haakjes geef je aan wat de functie moet doen. Bij de functie SOM() is dat een reeks cellen die opgeteld worden. Die reeks cellen noemt men het argument van de functie. In dit voorbeeld de cellen A2 t/m G2 sommeren (optellen).
4. Bereken ook voor de overige drie rijen de som van de getallen door de gemaakte functie via de vulgreep door te trekken, zie eventueel figuur 1.7.
5. Plaats in cel G7 de tekst **Totaal**. Selecteer cel H7 en sommeer alle cellen, **=SOM(A2:G5)**. Antwoord: 1706. Het argument hoeft dus niet alleen een rij of kolom te zijn, maar kan ook een blok getallen (matrix) zijn. Je kunt natuurlijk ook de cellen H2:H5 optellen voor hetzelfde resultaat.

> **Tip**
> In dit voorbeeld hebben we vier rijen met getallen. Het doortrekken van de formule met de vulgreep is dan eenvoudig. Bij 300 rijen met getallen moet je aardig slepen. Maar dat is niet nodig. Als je op de vulgreep dubbelklikt, wordt de formule naar alle onderliggende rijen gekopieerd (slepen hoeft dan niet meer). Verwijder de formules in cel H3:H5. Selecteer cel H2 en dubbelklik op de vulgreep. De cellen H3:H5 zijn direct weer voorzien van hun formules.

Excel bevat nog veel meer functies. Hieronder een aantal formules op een rij:

=GEMIDDELDE()   Hiermee wordt een gemiddelde uitgerekend van een reeks getallen.
=MAX()   Geeft de hoogste waarde uit een reeks cellen. Werkt naast getallen ook op tekst (alfabetisch) of datums.
=MIN()   Idem als MAX(), maar dan de kleinste waarde uit een reeks cellen.
=WORTEL()   Berekent de wortel van een opgegeven getal. Ook te berekenen met ^0,5, zie figuur 1.8.

▰▰ Voorbeeld 1.4

1. Open het bestand *Voorbeelden 1.xlsx* en selecteer hierin werkblad *Voorbeeld 1.4*.
2. Je wilt het gemiddelde eindcijfer berekenen van de studenten. Selecteer cel F2. Kies uit het lint *Start*, groep *Bewerken*, het pijltje naast het sommatieteken (), zie figuur 1.9. Hier worden enkele veel gebruikte functies getoond. Selecteer *Gemiddelde*. De functie geeft direct een suggestie voor de reeks getallen, C2:E2. Die suggestie is akkoord, druk voor het antwoord op de Enter-toets. (Antwoord: 5.) Als de suggestie van de getallenreeks niet goed is, moet je zelf de juiste reeks selecteren, voordat op Enter

Hoofdstuk 1 – Basis

wordt gedrukt. Merk op dat dit een tweede manier is om een functie in te voeren. Je kunt ook de functie zelf invoeren, = invoeren en dan de eerste letters van *gemiddelde* invoeren. Excel geeft dan een keuzelijst met mogelijke functies, dubbelklik dan op *GEMIDDELDE*. De reeks getallen moet dan nog wel geselecteerd worden.

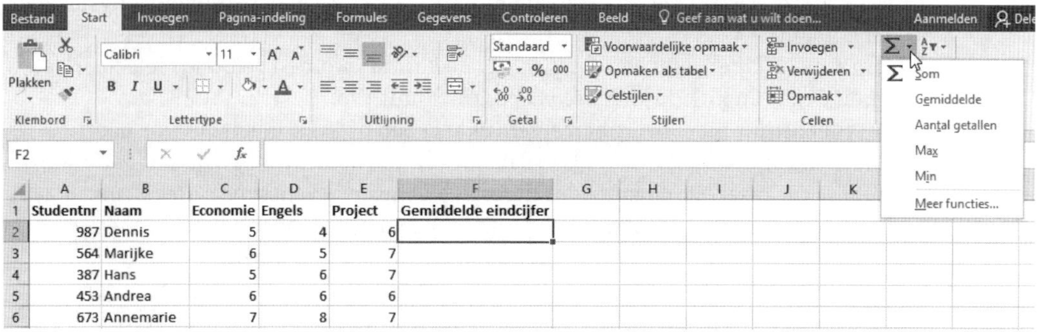

Figuur 1.9

3. Selecteer cel F2. In de cel staat de waarde 5, maar in de formulebalk staat *GEMIDDELDE(C2:E2)*. Bereken, met de vulgreep, de gemiddelde eindcijfers van de overige studenten (denk aan de tip bij voorbeeld 1.3).
4. De gemiddelde eindcijfers worden verschillend weergegeven. De eerste vier zonder decimalen en de laatste twee met veel decimalen. Dat is eenvoudig op te lossen. Selecteer de cellen F2:F7, en klik vervolgens in het lint *Start*, groep *Getal*, enkele keren op de knop *Minder decimalen*, zie figuur 1.10. Alle getallen worden nu met één cijfer achter de komma getoond. De knop ernaast kan gebruikt worden als je juist meer decimalen wilt tonen.

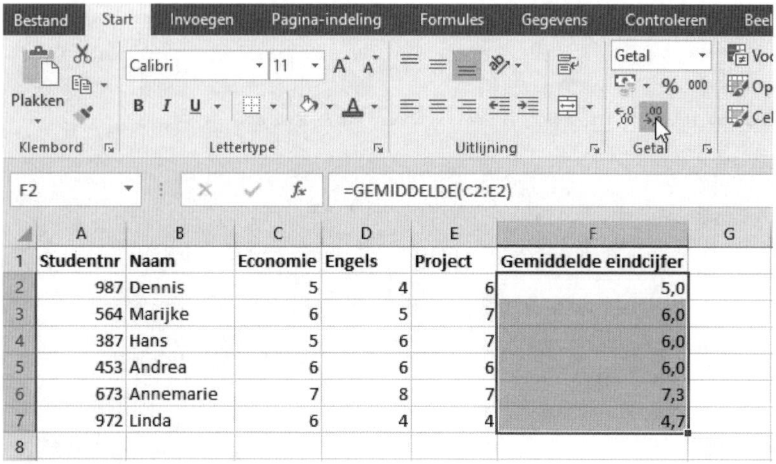

Figuur 1.10

5. Plaats in cel G1 de tekst **Laagste cijfer** en maak de kolombreedte passend. Selecteer vervolgens cel G2 en kies de functie Min, zie figuur 1.9. Let op, de gesuggereerde getallenreeks is niet goed, die moet opnieuw geselecteerd worden, =MIN(C2:E2). Het laagste cijfer van de student wordt getoond. Bereken ook het laagste cijfer voor de overige studenten, via de vulgreep.
6. Maak nog een extra kolom, en noem deze Hoogste cijfer en bereken het hoogste cijfer per student.
7. Zorg dat alle cijfers met één cijfer achter de komma worden getoond. Selecteer de cellen C2:H7 en klik op Meer decimalen, zie figuur 1.10.
8. De studentnummers beginnen eigenlijk met een 0, dus student Dennis heeft studentnummer 0987. Maar als je dat invoert, wordt de nul verwijderd (getrimd), probeer dat maar. Standaard bepaalt Excel wat het gegevenstype is (tekst, getal, datum, etc.). Aangezien een getal nooit met een 0 begint, wordt die automatisch verwijderd. Het gegevenstype van Studentnr is Getal. Dat moet veranderd worden in het gegevenstype Tekst, er wordt met de studentnummers immers niet gerekend. Selecteer de cellen A2:A7 en kies in het lint Start, groep Getal, de keuzelijst, zie figuur 1.11. Kies uit de keuzelijst de optie Tekst.

> **Opmerking**
> Het wijzigen van gegevenstypen kan ook door de cellen te selecteren en vervolgens via de rechtermuisknop voor Celeigenschappen te kiezen. In dat venster zijn nog veel meer opties voor de cellen te kiezen.

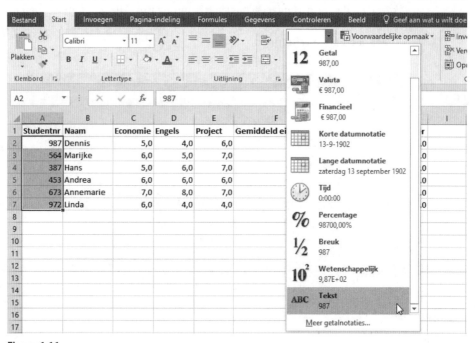

Figuur 1.11

9. De studentnummers worden nu automatisch links uitgelijnd. Nu kan er handmatig bij ieder studentnummer een 0 voor geplaatst worden. Cel selecteren en in de formulebalk de 0 ervoor plaatsen.

Opmerking
1. Na het invoeren van de 0 bij de studentnummers verschijnt linksboven in de cellen een groen driehoekje. Dat is een waarschuwingssymbooltje. Excel waarschuwt hiermee voor een mogelijke fout in de cel. In ons voorbeeld zijn de celwaarden correct, dus kun je het negeren. Als je die waarschuwingen wilt verwijderen, selecteer dan de betreffende cellen, A2:A7, er verschijnt dan een uitroepteken naast de geselecteerde cellen, klik daarop, zie figuur 1.12. De mogelijke fout wordt getoond, *Getal opgeslagen als tekst*. In dit voorbeeld is dat correct, selecteer *Fout negeren*.
Die groene waarschuwingssymbooltjes komen bij wijzigen weer terug en kunnen daardoor irritant zijn. Je kunt ze definitief uitschakelen via *Bestand, Opties, Formules*, haal het vinkje weg bij *Foutcontrole op de achtergrond inschakelen*.
2. Het is ook mogelijk de 0 er automatisch voor te krijgen. Voor de liefhebbers is dat voorbeeld 1.8 en opgave 1.9.

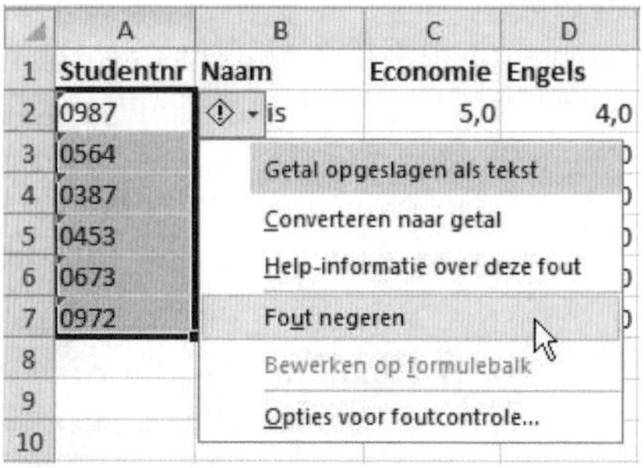

Figuur 1.12

Opgave 1.3
1. Open bestand *Opgaven 1.xlsx* en selecteer werkblad *Opgave 1.3*.
2. Bepaal in de cellen C9:E9 de gemiddelde cijfers per vak.
3. Bepaal in de cellen C10:E10 de hoogste cijfers per vak.
4. Bepaal in de cellen C11:E11 de laagste cijfers per vak.
5. Bepaal in cel C12 het gemiddelde cijfer over de drie vakken. (Antwoord:5,83.)
6. Bepaal in cel C13 het gemiddelde cijfer van de vakken Economie en Project. (Antwoord: 6,00.)

Aan de slag met Excel 2016

> **Tip**
> Selecteer de functie =GEMIDDELDE(), op de bekende manier. Selecteer nu eerst de cellen C2:C7, houdt nu de Ctrl-toets ingedrukt voor een meervoudige selectie en selecteer vervolgens E2:E7. In de formulebalk staat nu =GEMIDDELDE(C2:C7;E2:E7).

7. De behaalde cijfers moeten met één cijfer achter de komma getoond worden.
8. Alle gemiddelde cijfers moeten met twee cijfers nauwkeurig worden getoond.

1.3 Sorteren

Het komt regelmatig voor dat gegevens gesorteerd moeten worden. In deze paragraaf wordt het sorteren toegelicht.

Voorbeeld 1.5

1. Open het bestand *Voorbeelden 1.xlsx* en selecteer hierin werkblad *Voorbeeld 1.5*.
2. De cijfergegevens worden gesorteerd op Gemiddelde eindcijfer. Selecteer eerst het hele gebied dat gesorteerd moet worden, inclusief de kolomteksten. Het hele gebied dat gesorteerd moet worden is A1:H7. Je wilt sorteren op Gemiddelde eindcijfer, maar alle andere gegevens moeten meesorteren!
3. Nadat het gehele gebied, A1:H7, is geselecteerd, klik je in het lint *Start*, groep *Bewerken*, op de knop *Sorteren en filteren* en kies uit de keuzelijst *Aangepast sorteren* (kies altijd die optie voor sorteren).
4. Er verschijnt een hulpvenster *Sorteren* waarin je kunt aangeven op welke kolom(men) je binnen het geselecteerde gebied wilt sorteren, zie figuur 1.13.

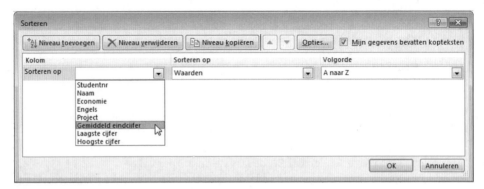

Figuur 1.13

5. Kies in de eerste kolom *Sorteren op* de optie *Gemiddelde eindcijfer*. Kies bij de tweede kolom *Waarden*, je wilt immers op de getalwaarden sorteren en niet bijvoorbeeld op de celkleur. Selecteer in de laatste kolom *Van klein naar groot*. Hierdoor wordt oplopend gesorteerd.

> **Opmerking**
> In het sorteervenster staat bovenin een vinkje bij *De gegevens bevatten kopteksten*. Dat klopt, want de gegevens zijn geselecteerd, inclusief de kolomteksten (kopteksten). Dat is de reden waarom de kolomteksten bij de selectie zitten. Heb je de kolomteksten niet in de selectie zitten, dan moet het vinkje verwijderd worden.

6. Klik in het sorteervenster op de knop OK. De gegevens worden gesorteerd; student Linda met een gemiddeld eindcijfer van 4,7 wordt nu als eerste getoond.
7. Het is mogelijk nog een sorteervolgorde op te geven. Er staan nu bij de gemiddelde eindcijfers drie zessen is een willekeurige volgorde. Gewenst is, bij gelijke waarden van het gemiddelde eindcijfer, opnieuw sorteren op studentnummer. Selecteer opnieuw het hele gebied dat gesorteerd moet worden, inclusief de kolomteksten, cellen A1:H7.
8. Klik op de knop *Sorteren en filteren* en kies opnieuw *Aangepast sorteren*.
9. Klik in het sorteervenster op *Niveau toevoegen*. Kies bij *Vervolgens op* de optie *Studentnr*, zie figuur 1.14. De tweede kolom laat je *Waarden* en in de derde kolom laten je *A naar Z*. De studentnummers zijn tekstvelden, vandaar dat in de derde kolom A naar Z staat.
10. Klik weer op OK. Er volgt nog een waarschuwing omdat je getallen als tekst hebt opgemaakt. Dat weten we, dus klik op OK. De gegevens worden opnieuw gesorteerd met de nieuwe voorwaarde. Zie dat bij gelijke eindcijfers nu gesorteerd is op studentnummer.

Figuur 1.14

> **Opmerking**
> Indien gesorteerd moet worden op bijvoorbeeld *Gemiddelde eindcijfer*, selecteer dan alle gegevens die gesorteerd moeten worden, inclusief kolomteksten. Je weet dan zeker welk gebied wordt gesorteerd. Selecteer niét alleen de kolom *Gemiddelde eindcijfer*! Dat kan rampzalige gevolgen voor de gegevens opleveren. Een student met een 4,7 heeft dan ineens een 7 en andersom. Excel geeft dan wel een waarschuwing dat wellicht een te klein gebied is geselecteerd, maar een fout is snel gemaakt.

Opgave 1.4
1. Open bestand *Opgaven 1.xlsx* en selecteer werkblad *Opgave 1.4*.
2. Sorteer de gegevens op *Hoogste eindcijfer* (van laag naar hoog).
3. Indien er gelijke hoogste cijfers zijn, dan vervolgens op naam student sorteren.
4. Na het sorteren verschijnt de waarschuwing opnieuw bij de studentnummers. Zorg dat die waarschuwingen niet meer getoond worden.

1.4 Relatieve en absolute verwijzingen

Er is een filmpje bij dit onderwerp beschikbaar: 1-2 Relatief en absoluut verwijzen.

In Paragraaf 1.1 en 1.2 is getoond hoe je handig een formule of functie kunt invullen en die vervolgens met de vulgreep eenvoudig naar andere rijen en kolommen kunt doortrekken. De verwijzingen naar de cellen worden door Excel automatisch aangepast. Dat wordt relatieve verwijzingen genoemd. Maar soms is dat onwenselijk, dan wil je altijd naar dezelfde cel blijven verwijzen als je de berekening doortrekt naar andere rijen of kolommen. Dat wordt een absolute verwijzing genoemd. In een voorbeeld wordt dat getoond.

Voorbeeld 1.6

1. Open het bestand *Voorbeelden 1.xlsx* en selecteer hierin werkblad *Voorbeeld 1.6*. De afzet van een artikel in week 1 t/m 5 is gegeven, inclusief de totale afzet over de vijf weken. In de kolom *Percentage* wil men weten hoeveel procent die week heeft bijgedragen aan het totaal. Selecteer cel C2 en plaatst de berekening: **=B2/B8**. (Antwoord: 0,11627907.)
2. Het is 11,6%, maar wordt zo niet getoond. Selecteer cel C2, en klik in het lint *Start*, groep *Getal*, op de knop *Procentnotatie*. Zorg in diezelfde groep dat het met één cijfer nauwkeurig wordt getoond. Laat in Excel percentages altijd als decimaal staat en zorg dat het als percentage wordt getoond. Dan hoef je bij berekeningen met het percentage niet meer te delen of te vermenigvuldigen met 100.
3. Selecteer cel C2 en trek de berekening door met de vulgreep naar de overige weken. Dit levert foutmeldingen op #DEEL/0!, zie figuur 1.15. Wat betekent dat Excel aangeeft dat je een getal (waarde) door nul hebt proberen te delen. Dit wordt veroor-

zaakt doordat je de formule hebt doorgetrokken naar beneden. Met het doortrekken van de formule verplaatst Excel ook iedere keer de formule één cel naar beneden. Als je de formule dus doortrekt naar cel C3, ziet de formule van cel C3 er als volgt uit: =B3/B9.

Zodoende deel je dus niet meer door het totaal (B8), maar door een cel daaronder (B9). Dit noemt men relatief kopiëren. Relatief kopiëren komt het meest voor, maar gaat in dit voorbeeld fout.

Om dit te voorkomen moet je de cel met het totaal vastzetten (absoluut maken). Die cel mag niet veranderen tijdens het kopiëren. Hierdoor verplaats je wel cel B2 iedere keer één stap naar beneden (relatief), maar blijft het totaal (B8) vaststaan (absoluut) en klopt de formule dus wel. Iedere weekafzet wordt dan gedeeld door cel B8.

Als je vreemde uitkomsten krijgt, zie figuur 1.15, bij het doortrekken van een formule, is meestal één of meerdere cellen niet absoluut gemaakt.

	A	B	C
1	Week	Aantal	Percentage
2	1	5	11,6%
3	2	9	#DEEL/0!
4	3	14	#DEEL/0!
5	4	3	#DEEL/0!
6	5	12	#DEEL/0!
7			
8	Totaal	43	

Figuur 1.15

4. Selecteer opnieuw cel C2. In de formulebalk moet cel B8 absoluut gemaakt worden, zie figuur 1.16. Klik in de formulebalk op cel B8 en druk vervolgens op de toets F4. Cel B8 wordt tussen $-tekens geplaatst, zie figuur 1.16. Cel B8 is nu absoluut gemaakt en wordt getoond als $B$8. Tijdens het kopiëren met de vulgreep blijft het nu altijd cel B8.

Figuur 1.16

5. Bepaal nu opnieuw voor de overige weken de procentuele bijdrage aan de totale afzet. Nu werkt het wel. Ga bijvoorbeeld in cel C4 staan en controleer of daar ook gedeeld wordt door cel B8.

> **Tip**
> Als je naar een cel wijst die absoluut moet worden, kun je direct op de F4-toets drukken. De $-tekens worden dan direct in de celverwijzing geplaatst. De functietoets F4 wordt in Excel dus veel gebruikt.

Opgave 1.5
1. Open bestand *Opgaven 1.xlsx* en selecteer werkblad *Opgave 1.5*.
2. Een containerreparatiebedrijf rekent per uur arbeid € 60,00. De btw over de arbeid is 21%. In kolom *Arbeid* moeten de arbeidskosten komen. Maak in cel F7 de berekening van de arbeidskosten (excl. BTW), maak gebruik van cel B4 (antwoord: € 90,00).
3. Kopieer cel F7 met de vulgreep naar de overige reparaties. Als je foutmeldingen krijgt, weet je waar de fout zit, zie paragraaf 1.4. Corrigeer die dan.
4. Bepaal in cel G7 het btw-bedrag over de arbeidskosten, maak gebruik van cel B3 (antwoord: € 18,90).
5. Kopieer cel G7 naar de overige reparaties.
6. Bepaal in cel H7 het totaal (arbeidskosten + btw-bedrag = € 108,90) en kopieer die naar de overige reparaties.

1.5 Filteren

Door het plaatsen van één of meerdere filters kun je een deel van de rijen uit het werkblad selecteren. Filteren wordt toegepast om een beperkt deel van de rijen uit het werkblad te tonen. Een voorbeeld licht dit toe.

▰▰▰ Voorbeeld 1.7

1. Open het bestand *Voorbeelden 1.xlsx* en selecteer hierin werkblad *Voorbeeld 1.7*. Een kleine supermarkt heeft drie filialen. Van een aantal dagen is per filiaal, per artikelgroep, de omzet geregistreerd.
2. Klik op kolomkop A, hierdoor wordt de gehele kolom A (Filiaal) geselecteerd. Selecteer in het lint *Start*, groep *Bewerken*, *Sorteren en filteren*, *Filter*.
3. In de eerste cel van kolom A, cel A1, is nu een keuzelijstknop zichtbaar geworden, zie figuur 1.17. Selecteer die keuzelijst, er wordt een *AutoFilter* getoond. Verwijder het vinkje bij *Alles selecteren* en plaats een vinkje bij *Breda*. Er wordt nu gefilterd op Breda, alleen de Bredase filialen zijn nog zichtbaar. Merk op dat het symbooltje van de keuzelijst is veranderd in een filtersymbooltje. Daaraan kun je zien dat een filter actief is in die kolom.
4. Selecteer de keuzelijst in cel A1 opnieuw. Plaats een vinkje bij *Alles selecteren*. Klik vervolgens op kolomkop C om de gehele kolom C (Artikelgroep) te selecteren. Selecteer opnieuw in het lint *Start*, groep *Bewerken*, *Sorteren en filteren*, *Filter*. De filter op kolom A is nu verwijderd en klik vervolgens opnieuw op de knop *Filter*; er staat nu een filter op kolom C.
5. Filter in kolom C op *Diverse* en *Vleeswaren* (eerst vinkje verwijderen bij *Alles selecteren* en daarna twee vinkjes plaatsen).
6. Verwijder de filter op kolom C en plaats een filter op kolom B (Datum). In de keuzelijst kan per jaar, maand of dag gefilterd worden. Maar er zijn nog veel meer filtermogelijkheden bij datums; selecteer keuze *Datumfilters* en zie een enorme lijst op filtermogelijkheden, zie figuur 1.18.

Hoofdstuk 1 – Basis

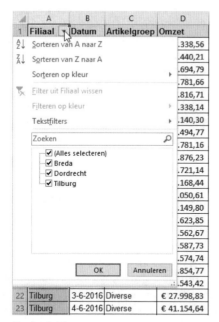

Figuur 1.17

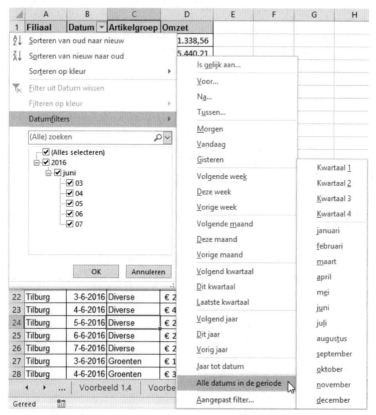

Figuur 1.18

7. Selecteer in *Datumfilters*, de optie *Na* en selecteer bij *is na* de datum 5-6-2016. Alle rijen met een datum na deze datum worden getoond. Natuurlijk had je nu ook vinkjes kunnen plaatsen, maar het gaat om het voorbeeld.
8. Verwijder de filter in kolom B en plaats een filter op kolom D. Filteren op een van de getallen is niet erg zinvol. Kies in de *Getalfilters* voor *Top 10*. Toon de belangrijkste (top) 5 items. De hoogste (belangrijkste) vijf omzetten worden getoond.
9. Verander de filter in de vijf minst goede omzetten. Kies opnieuw *Top 10* en verander *Belangrijkste* (Office 2013: Top) in *Onder*.
10. Verander de filter in 10% van de belangrijkste (top) omzetten. Kies opnieuw *Top 10* en verander *Onder* in *Belangrijkste* (Office 2013: Top) en *Items* in *procent*.
11. Verwijder de filter in kolom D. Er zijn nu geen filters actief en ook geen kolommen geselecteerd. Selecteer nu een willekeurige cel in een van de vier kolommen. Klik nu opnieuw in het lint *Start*, groep *Bewerken*, *Sorteren en filteren*, op de optie *Filter*. Bij alle kolommen (A-D) staat nu een filtersymbool.
12. Als het filtersymbooltje is geplaatst, is de koptekst vaak minder goed leesbaar. De kolom moet dan iets breder worden, maar het kan ook automatisch. Selecteer de kolommen A tot en met D. Kies in het lint *Start*, groep *Cellen*, *Opmaak*, *Kolombreedte AutoAanpassen*. De koptekst moet vanzelfsprekend wel links uitgelijnd staan.
13. Filter op alleen Tilburg. Laat die filter staan en filter nu op Bakkerij. Nu zijn alle omzetten van Bakkerij uit Tilburg zichtbaar. Plaats als voorbeeld nog een derde filter. Alleen bakkerijomzetten uit Tilburg die hoger zijn dan € 13.000,00. Maak gebruik van de optie *Getalfilters*.
14. Verwijder alle filters. Lint *Start*, groep *Bewerken*, *Sorteren en filteren*, *Filter*.
15. Plaats in cel C63 de tekst **Som** en in cel D63 de som van de omzet. (Antwoord: € 1.047.970,88.)
16. Filter nu op filiaal Dordrecht én op *Lege cellen*. Als je niet filtert op *Lege cellen*, wordt de functie SOM() niet meer getoond, controleer dat maar. De som in cel D63 blijft hetzelfde! Je krijgt dus niet de som te zien van alle filialen uit *Dordrecht*. Hetzelfde geldt onder andere voor de functies *MIN()*, *MAX()* en *GEMIDDELDE()*. Dat is met een andere functie wel mogelijk.
17. Toon alle filialen, filter opheffen, door in het *Autofilter*-menu een vinkje te plaatsen bij *Alles selecteren* of selecteer *Filter uit Filiaal wissen*. Zet ook in cel C64 de tekst **Som**. In cel D64 de multifunctionele functie *SUBTOTAAL()*. Multifunctioneel omdat met die functie onder andere het minimum, het maximum, de som en het gemiddelde kan worden bepaald. Het eerste argument is het *Functie_getal*, dat onder andere minimum, maximum, som of gemiddelde bepaalt. Het tweede argument is het bereik. Typ in cel D64 **=SUBTOTAAL(**, er verschijnt een hulpvenster, zie figuur 1.19, kies 9 – SOM. Geef vervolgens een **;** en selecteer het bereik dat gesommeerd moet worden *D2:D61*, sluit af met **)**. In cel D64 staat nu *=SUBTOTAAL(9;D2:D61)*. (Antwoord: € 1.047.970,88.)

    Er is een filmpje over deze functie beschikbaar: 1-3 Functie Subtotaal.
18. Filter op filiaal Dordrecht én op *Lege cellen*. Het resultaat van cel D64 is nu € 382.539,70. Als je niet filtert op *Lege cellen*, worden beide functies niet meer getoond, controleer dat maar.

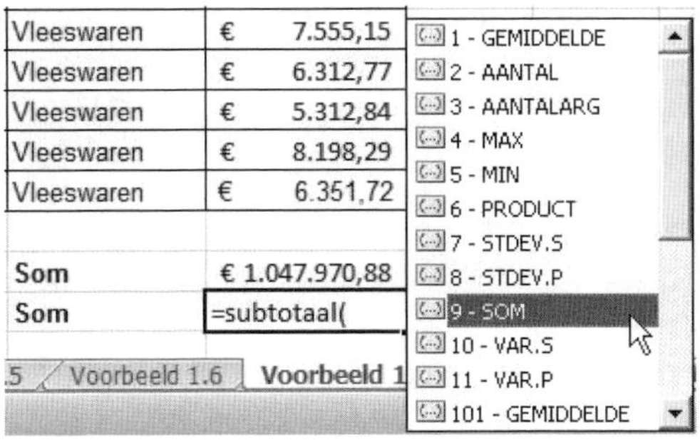

Vleeswaren	€	7.555,15
Vleeswaren	€	6.312,77
Vleeswaren	€	5.312,84
Vleeswaren	€	8.198,29
Vleeswaren	€	6.351,72
Som		€ 1.047.970,88
Som		=subtotaal(

Dropdown menu:
- 1 - GEMIDDELDE
- 2 - AANTAL
- 3 - AANTALARG
- 4 - MAX
- 5 - MIN
- 6 - PRODUCT
- 7 - STDEV.S
- 8 - STDEV.P
- 9 - SOM
- 10 - VAR.S
- 11 - VAR.P
- 101 - GEMIDDELDE

Figuur 1.19

Opmerking
- Afhankelijk van het type gegevens in de kolom wordt *Tekstfilters*, *Getalfilters* of *Datumfilters* getoond in het *AutoFilter*-menu.
- *Filter* kan ook geselecteerd wordt in het lint *Gegevens*, groep *Sorteren en filteren*, *Filter*.
- Rechts van het lint wordt een gloeilamp getoond met de tekst *Geef aan wat u wilt doen*. Toets daar *Filteren*, of de eerste letters, en je kunt ook snel een filter plaatsen of verwijderen. Deze optie is beschikbaar vanaf Excel 2016.
- Je kunt filters plaatsen op een aantal aaneengesloten kolommen, bijvoorbeeld kolom A en kolom B selecteren en dan het filter plaatsen. Wat niet kan (helaas) is kolom A en kolom C selecteren en dan het filter plaatsen.
- Het is niet noodzakelijk op een hele kolom te filteren. Je kunt op een selectie filteren.
- In de functie *SUBTOTAAL()* is bijvoorbeeld het minimum te bepalen met het getal 5, maximum met het getal 4 en het gemiddelde met het getal 1, zie figuur 1.19.
- De zwarte kaders in dit voorbeeld zijn gemaakt via het lint *Start*, groep *Lettertype*, *Randen*, *Alle randen*.

Opgave 1.6
1. Open bestand *Opgaven 1.xlsx* en selecteer werkblad *Opgave 1.6*.
2. Filter in kolom B op werkdag *Dinsdag*.
3. Verwijder de filter in kolom B. Filter nu op alle prijzen (prijs/st) groter of gelijk aan € 100,00. Maak gebruik van *Getalfilters*.
4. Verwijder de filter. Filter nu op alle subtotalen boven het gemiddelde subtotaal.
5. Verwijder de filter. Filter nu op het tweede kwartaal (via *Alle datums in de periode*).
6. Verwijder de filter. Plaats nu een filter op alle kolommen en zorg dat alle kolomteksten leesbaar zijn.
7. Bereken in cel F52 de kleinst bestelde eenheid en in cel F53 de hoogste bestelde eenheid. Als er wordt gefilterd, moeten beide functies op de filter werken. (Antwoorden bij een filter op regio Oost: 6 en 90.) Denk aan het filteren op lege cellen.

8. Hef het filter op, niet verwijderen. Bereken in cel H52 het totale bedrag en in cel H53 het gemiddelde subtotaal. Als er wordt gefilterd, moeten beide functies op de filter werken. (Antwoorden bij een filter op regio Oost: 4599,31 en 242,07.) Denk aan het filteren op lege cellen.

1.6 Navigeren

Een extra handigheidje binnen Excel zijn de sneltoetsen voor navigeren en selecteren. Hiermee kun je op een snelle en makkelijke manier door het werkblad heen wandelen (navigeren) of selecties maken.
Dit is vooral handig als je een groot werkblad met veel gegevens hebt. Als je bijvoorbeeld 300 rijen hebt en je moet cel A1 tot en met cel A300 selecteren, moet je helemaal naar onderen scrollen. Dat kan handiger met enkele sneltoetsen. Er zijn eigenlijk maar twee toetsen die je moet onthouden, de Ctrl-toets en de Shift-toets, de overige toetsen zijn vanzelfsprekend. De belangrijkste sneltoetsen voor navigeren zijn weergegeven in figuur 1.20.

Sneltoets	Actie
Ctrl+Home	Hiermee verplaatst je de celwijzer naar de eerste cel van het werkblad (A1).
Ctrl+End	Hiermee ga je naar de laatste (gevulde) cel, de rechterbenedenhoek van het werkblad.
Ctrl+↑	Selecteert de bovenste cel in een kolom.
Ctrl+↓	Selecteert de laatste cel (gevulde) cel in een kolom.
Ctrl+←	Selecteert de eerste cel in een rij.
Ctrl+→	Selecteert de laatste (gevulde) cel in een rij.

Figuur 1.20

Voor het selecteren van cellen gebruik je dezelfde toetsen als in figuur 1.20, alleen moet je nu ook de Shift-toets ingedrukt houden. Wil je bijvoorbeeld het hele werkblad selecteren, eerst Ctrl+Home, selecteer cel A1 en vervolgens Ctrl+Shift+End. De celwijzer gaat naar de laatst gevulde cel en selecteert het gehele gebied.
Als je een selectie hebt gemaakt en je wilt die uitbreiden, druk dan eerst op F8, daarna is die uit te breiden.

Opgave 1.7
1. Open bestand *Opgaven 1.xlsx* en selecteer werkblad *Opgave 1.7*.
2. Selecteer met een sneltoets de laatst gevulde cel.
3. Selecteer handmatig cel G20 en verplaats met de sneltoetsen de celwijzer naar G1.
4. Verplaats de celwijzer met de sneltoetsen naar de laatst gevulde cel in kolom G.
5. Selecteer handmatig cel G20 en selecteer met de sneltoetsen cel G1:G20.
6. Nu nog wat basisvaardigheden van dit hoofdstuk oefenen. Zorg dat in kolom O de jaarafzet van de artikelen komt en zorg voor de kolomtekst *Jaarafzet*.
7. Sorteer vervolgens de afzetgegevens op basis van de jaarafzet aflopend, dus de hoogste waarde eerst. Jaarafzet 7709 staat nu in de eerste rij.

8. Bepaal in kolom P het percentage van de jaarafzet van het artikel ten opzichte van de totale jaarafzet (eerst bepalen – antwoord: 35704). Neem als kolomtekst *%Jaarafzet*. Zorg dat de gegevens als percentage worden getoond met twee cijfers achter de komma. Het eerst getoonde artikel heeft als percentage 21,59%.
9. Bepaal in kolom Q, kolomtekst *Cum.afzet*, de cumulatieve jaarafzet (bij eerste artikel de jaarafzet van dat artikel, bij het tweede artikel de jaarafzet van het eerste artikel + de jaarafzet van het tweede artikel, bij het derde artikel, de jaarafzet van het eerste, tweede en derde artikel samen, etc.). Het eerste artikel is 7709, het tweede is 11817.

> **Tip**
> Bijvoorbeeld de cumulatieve afzet van het vijfde artikel is gelijk aan de cumulatieve afzet van het vierde artikel + de afzet van het vijfde artikel zelf.

10. Bepaal in kolom R het percentage, twee cijfers achter de komma, van de cumulatieve jaarafzet van het artikel ten opzichte van de totale jaarafzet. Neem als kolomtekst *%Cum.afzet*. Het eerste artikel is 21,59% en het tweede artikel is 33,10%.
11. Zorg dat de kolomteksten volledig leesbaar zijn. Verwijder (negeer) de groene waarschuwingsdriehoekjes in kolom O en Q, zie opmerking bij *Voorbeeld 1.4*.

Met deze opgave is een (deel) ABC-analyse gemaakt van de verkoopgegevens (afzet). A-artikelen zijn snellopers, B-artikelen zijn normaallopers en C-artikelen zijn langzaamlopers. In kolom R is goed te zien wat de artikelen bijdragen aan de afzet.

Opgave 1.8
1. Open bestand *Opgaven 1.xlsx* en selecteer werkblad *Opgave 1.8*.
2. Oefenen de opdrachten van opgave 1.7 opnieuw, maar nu op basis van de omzet. Voer de opdrachten 1.7.6 tot en met 1.7.11 opnieuw uit, maar vervang afzet door omzet.
Als je in een kolom ######### te zien krijgt, is de kolom te smal voor het getal. Maak de kolom dan breder, zie figuur 1.1.

Het volgende voorbeeld en de opgave zijn alleen voor de liefhebbers!

Voorbeeld 1.8

In voorbeeld 1.4 zijn de studentnummers van het type *Tekst* gemaakt en vervolgens is handmatig een 0 voor het studentnummer getypt. Dat is nog te doen voor een paar studenten, maar als je dit voor duizenden studenten moet doen heb je een probleem. Dat kun je oplossen. Je kunt twee of meer stukken tekst aan elkaar 'plakken'.
1. Open het bestand *Voorbeelden 1.xlsx* en selecteer hierin werkblad *Voorbeeld 1.8*.
2. Kolom A moet gegevenstype *Tekst* worden. Selecteer A2:A7 en kies in het lint *Start*, groep *Getal*, de keuzelijst en selecteer *Tekst* (dit kan ook met de rechtermuisknop – *Celeigenschappen*).

3. Verschillende stukken tekst kunnen aan elkaar gezet worden met het &-teken. Selecteer cel F2 en voer in: **="0"&A2**. Let op: rondom de nul staan aanhalingstekens, niet twee apostroffen achterelkaar. Letterlijke tekst moet altijd tussen aanhalingstekens staan. In cel F2 staat nu 0987. Cel F2 kan nu met de vulgreep doorgetrokken worden naar de overige studenten.
4. In F2 staat nu een 'berekening' en niet letterlijk 0987. Je kunt dus niet de studentnummers uit kolom A verwijderen en die van kolom F verplaatsen. Toch kun je de berekening omzetten in waarden. Selecteer F2:F7 en kies via de rechtermuisknop *Kopiëren*.
5. Selecteer cel F2 en kies via de rechtermuisknop *Plakken speciaal, Waarden plakken* (derde optie kiezen). In de cellen staan nu wel waarden en geen berekening meer.

> **Opmerking**
> Als na het invoeren van de berekening in cel F2 letterlijk ="0"&A2 komt te staan in plaats van het antwoord 0987, is per ongeluk de celopmaak gewijzigd. Selecteer cel F2 en kies in het lint *Start*, groep *Bewerken, Wissen, Alles wissen*. Voer hierna in cel F2 opnieuw de berekening ="0"&A2 in.

Opgave 1.9
1. Open bestand *Opgaven 1.xlsx* en selecteer werkblad *Opgave 1.9*.
2. In kolom C moet het e-mailadres van personeelsleden staan. Het bedrijf heeft als naam testmail.nl. Het e-mailadres bestaat uit de voorletters, achternaam en @testmail.nl. Het eerste personeelslid krijgt dus als e-mail: M.Dumoulin@testmail.nl.
3. Verander de e-mailadresberekening in een gewoon e-mailadres via *Plakken speciaal*.

> **Opmerking**
> In e-mailadressen mogen geen spaties voorkomen. Indien de achternaam bijvoorbeeld den Hoed is gaat het dus fout bij het e-mailadres. Dat is uiteraard in Excel op te lossen. De spaties in een tekst zijn te verwijderen door de functie =SUBSTITUEREN(). Met deze functie kan je een stukje tekst laten vervangen (substitueren) door een ander stukje tekst. In ons voorbeeld moet de spatie vervangen worden door niets (geen tekst). De functie ziet er dan zo uit =SUBSTITUEREN(B8;" ";""). Als in cel B8 de tekst *den Hoed* zou staan, maakt deze functie daar *denHoed* van. Merk op dat het tweede argument een aanhalingsteken een spatie en dan weer een aanhalingsteken is. Het derde argument zijn twee aanhalingstekens direct na elkaar, met niets ertussen. Een spatie wordt hierdoor vervangen door niets. Om het uit te voeren moet wel een extra kolom worden gemaakt waarin de namen zonder spaties staan. Met die kolom wordt dan het e-mailadres opgebouwd.

Hoofdstuk 2
Excel financieel

In dit hoofdstuk worden enkele belangrijke financiële functies toegelicht. Daarnaast kan het in financiële berekeningen noodzakelijk zijn getallen af te ronden, ook daar zijn functies voor.
Er is een filmpje bij dit onderwerp beschikbaar: 2 Financieel.

2.1 Financieel

Binnen veel vakgebieden moeten regelmatig financiële berekeningen gemaakt worden, bijvoorbeeld kosten/baten, afschrijvingen berekenen of investeringskosten. Excel kent tientallen financiële functies (categorie Financieel). Enkele van die functies worden hieronder toegelicht aan de hand van voorbeelden.

In de voorbeelden ga je gebruik maken van vijf veelgebruikte financiële functies:
- Met de functie *BET()* kan bepaald worden hoeveel in elke periode BETaald (premie of afgelost) moet worden, om een lening tegen een bepaald rentepercentage in een vastgelegde periode af te lossen.
- Met de functie *NPER()* kan uitgerekend worden hoeveel (N) PERioden een bepaald bedrag betaald moet worden (premie of aflossing) om daarmee een geleend bedrag tegen een vast rentepercentage af te lossen.
- Met de functie *RENTE()* kun je het rentepercentage bepalen van een lening of investering.
- Met de functie *TW()*, toekomstige waarde, kun je bepalen wat een bedrag over een aantal perioden (in de toekomst) waard is, bij een vast rentepercentage.
- De functie *HW()*, huidige waarde, is het tegenovergestelde van de functie *TW()*. Als je over een aantal perioden een bepaald bedrag wilt hebben, hoeveel moet je dan nu (huidige waarde) inleggen? Het rentepercentage over de looptijd blijft gelijk.

Dit zijn functies met meerdere argumenten (parameters die je moet opgeven). Voor deze functies kan een argumentenvenster geopend worden waarin eenvoudig de verschillende argumenten kunnen worden ingevoerd.

> Belangrijk bij financiële functies: geld ontvangen is een positief getal en geld betalen is een negatief getal. Verder geldt dat de gekozen tijdseenheid (week, maand, kwartaal, jaar) binnen de functie altijd hetzelfde moet zijn!

▬ Voorbeeld 2.1

1. Open het bestand *Voorbeelden 2.xlsx*, werkblad *Voorbeeld 2.1*.
   Er zijn vier secties. In sectie 1 staat een geleend bedrag van € 10.000,00, tegen een vaste rente van 4% per jaar en een looptijd van vijf jaar. Wat moet je per jaar betalen

Aan de slag met Excel 2016

(premie) om deze lening af te lossen? Daarvoor kun je de financiële functie BET() toepassen (BETalen). Het antwoord wordt getoond in sectie 2. In sectie 2 zie je het te betalen bedrag (premie), maar wens je de looptijd te bepalen, het aantal perioden. Daarvoor kun je de financiële functie NPER() toepassen. Het antwoord wordt getoond in sectie 1. Voor sectie 3 en 4 geldt hetzelfde, alleen is er nu een andere periodieke betaling, namelijk per maand.

2. Selecteer cel B6. De functie BET() moet toegepast worden. Klik in de formulebalk op het wiskundige functiesymbool, zie figuur 2.1. Er verschijnt een hulpvenster *Functie invoegen*, zie figuur 2.2. In dit venster kan een functie opgezocht worden. Als je de functienaam niet kent, kun je bij *Zoek een functie:* een korte omschrijving invoeren. Een tweede zoekmethode in het hulpvenster is een categorie selecteren bij *Selecteer een categorie:*.
Selecteer categorie *Financieel* en kies uit de financiële functies BET, zie figuur 2.2. Klik op OK.

Figuur 2.1

Figuur 2.2

3. Er verschijnt een venster waarin de argumenten van de functie BET() ingevoerd kunnen worden, zie figuur 2.3. Selecteer bij argument *Rente* cel B4 (B4 niet handmatig invoeren, maar de cel selecteren). Kies bij argument *Aantal-termijnen* cel B3 (5 jaar) en bij argument *Hw* (huidige waarde, de huidige waarde van het geleende bedrag, dus € 10.000,00) cel B5. De overige twee argumenten hoeven niet ingevuld te worden. Klik op OK om de functie af te sluiten (antwoord: € 2.246,27-). Merk op dat het bedrag negatief is, je moet het immers betalen. Het minteken staat achter het bedrag (financiële notatie). Het ontvangen bedrag € 10.000,00 is positief.

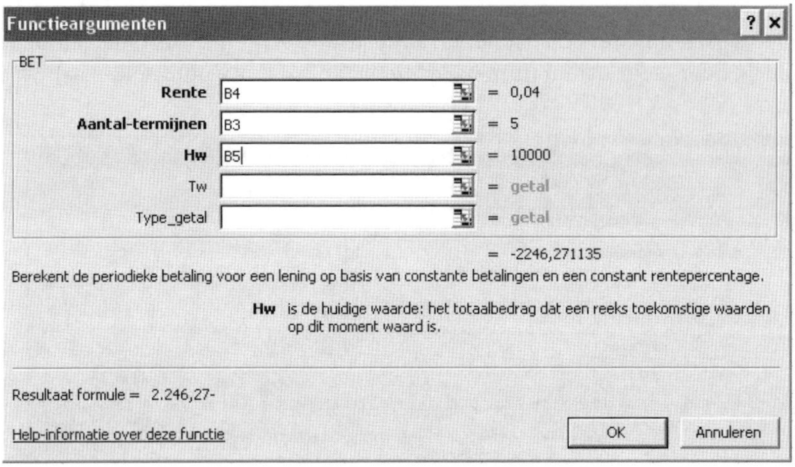

Hoofdstuk 2 – Excel financieel

Figuur 2.3

4. Bepaal in sectie 2 het aantal jaren (perioden) dat betaald moet worden, bij een gegeven premiebetaling. Selecteer cel F3 en selecteer de functie NPER() op dezelfde manier als stap 2.
5. Selecteer bij argument Rente cel F4, bij argument Bet het bedrag dat periodiek wordt betaald, cel F6, en bij argument Hw cel F5, zie figuur 2.4. Klik op OK voor het antwoord (5,000002791). Merk op dat het bedrag dat jaarlijks wordt betaald, negatief is.

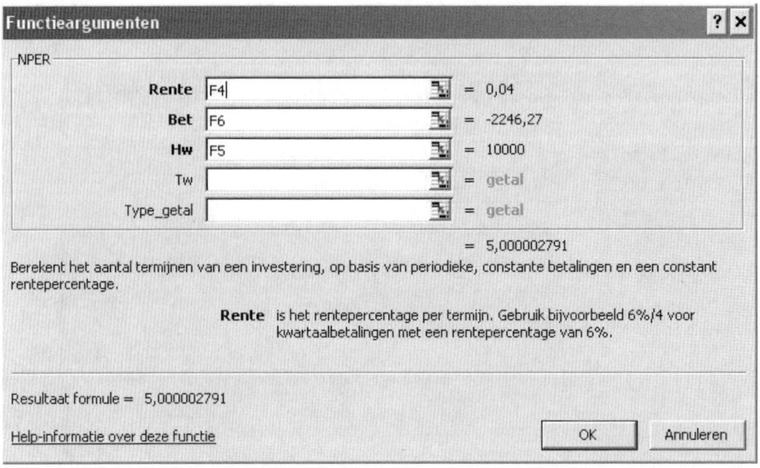

Figuur 2.4

6. Nu betalingen per maand. De gekozen tijdseenheid moet binnen de functie altijd dezelfde zijn. Selecteer cel B13 en kies de functie BET().
7. De rente die gegeven is, is de jaarrente! Aangezien de periodieke betaling nu per maand is, is de tijdseenheid maand. De rente moet hierdoor de maandrente worden, dus delen door 12, zie figuur 2.5. Het aantal termijnen is 5 jaar, maar onze tijdseen-

heid is maand, dus 60 maanden, zie figuur 2.5. De huidige waarde blijft het bedrag dat is geleend. Merk op dat het maandbedrag niet gelijk is aan het jaarbedrag gedeeld door 12, je lost nu immers iedere maand af (antwoord: € 184,17-).

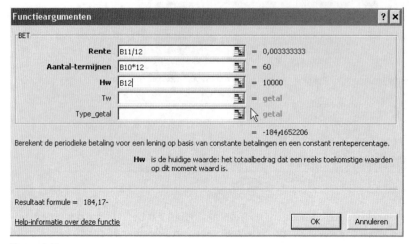

Figuur 2.5

8. Selecteer cel F10, het aantal termijnen bepalen, dus de functie NPER() toepassen. De rente moet maandrente zijn, want de tijdseenheid is maand omdat per maand wordt betaald, dus delen door 12. Wat je iedere maand moet betalen (negatieve waarde), staat al per maand. En de huidige waarde is het geleende bedrag, zie figuur 2.6.

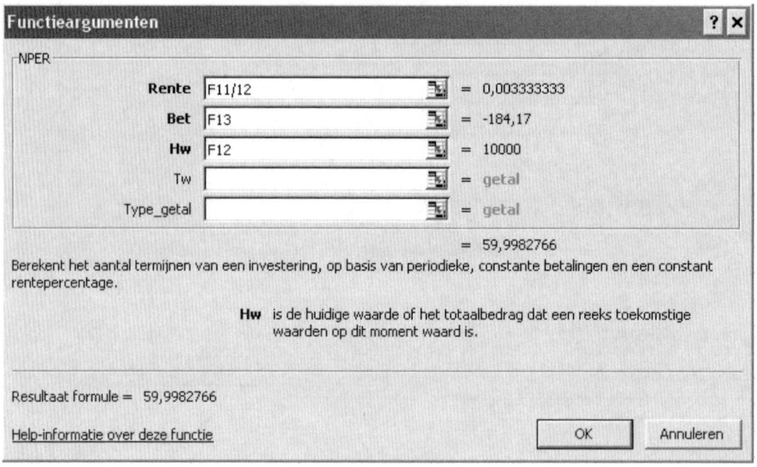

Figuur 2.6

9. Het antwoord lijkt vreemd, 59,9982766, maar dat is het niet. Alles is in maanden ingevoerd, dus het antwoord is in maanden! Het antwoord moet getoond worden

Hoofdstuk 2 – Excel financieel

in jaren. Dat corrigeer je in de formulebalk door de functie te delen door 12 (antwoord: 4,999856383), zie figuur 2.7.
10. Het aantal decimalen bij *Aantal jaar*, in sectie 2 en 4, kan beperkt worden via het lint *Start*, groep *Getal*, knop *Minder decimalen*.

| f_x | =NPER(F11/12;F13;F12)/12 |

Figuur 2.7

Opmerking
- Bedragen die je ontvangt zijn positief (+) en bedragen die je moet betalen zijn negatief (-). Het – symbool staat achter het getal bij *Premie*, dat gebruikelijk is bij financiële getallen. Dat is te wijzigen door de cel (of cellen, Ctrl-toets ingedrukt houden) te selecteren en dan via de rechtermuisknop voor *Celeigenschappen* te kiezen. Bij *Valuta* zijn verschillende opties zichtbaar, bijvoorbeeld negatieve waarden rood weergeven. Voor het invoeren van een negatief getal kun je gewoon bijvoorbeeld -100 intypen.
- Het antwoord in sectie 2 en 4 is niet exact gelijk aan 5 jaar, omdat de premie met twee cijfers achter de komma is ingevoerd. De berekende premie bij sectie 1 en 3 toont de premie met twee cijfers achter de komma, maar er zijn meerdere decimalen. Toon bij sectie 1 en 3 meerdere cijfers achter de komma.
- De functie *BET()* en *NPER()* hebben nog twee argumenten, *Tw* en *Type_getal*. Bij het argument *Tw* (Toekomstige waarde) kan een restschuld ingevoerd worden, na de betaalperiode. Je koopt bijvoorbeeld een auto van € 20.000. Na drie jaar is de auto nog € 12.000 waard (toekomstige waarde). Je leent € 20.000, lost daarvan € 8.000 af tot € 12.000,00 restwaarde. De restwaarde (toekomstige waarde) is negatief (€ 12000,00-). Je moet namelijk na drie jaar alsnog € 12.000,00 betalen om de auto te behouden of je levert de auto in die een waarde van € 12.000,00 vertegenwoordigt. Als je niets invult wordt de restschuld (restwaarde) 0 (zoals in onze opdrachten). In het laatste argument *Type_getal* kan aangegeven worden of de betaling aan het begin van de periode of aan het eind van de periode (standaard) wordt betaald.
- Als je een functie wilt wijzigen, selecteer dan de cel waar de functie staat, klik vervolgens op de functienaam in de formulebalk en klik hierna op het wiskundige functiesymbool van de formulebalk, zie figuur 2.1.
- Bij ieder argument in het argumentenvenster is een helptekst zichtbaar. Bij het argument *Rente* wordt bijvoorbeeld een tip gegeven bij kwartaalbetalingen.
- Er is nog een manier om een functie te selecteren, via het lint *Formules*, groep *Functiebibliotheek*.

Voorbeeld 2.2

1. Open het bestand *Voorbeelden 2.xlsx*, werkblad *Voorbeeld 2.2*.
   Een autodealer biedt aan een auto te verkopen voor € 9995,00. Hij is bereid de auto na drie jaar terug te nemen. De dealer rekent op een restwaarde na drie jaar van € 6500,00. Hij vraagt hiervoor een betaling van € 140,00 per maand, gedurende de looptijd van drie jaar. Reparatiekosten zitten niet in dit bedrag.
   Bij de bank kun je ook het bedrag lenen, tegen 7% rente. De inruilwaarde na drie jaar is € 6500,00. Wat is een betere deal, de bank of de dealer? De functie *RENTE()* is hiervoor te gebruiken.
   Let op, alle bedragen in het werkblad zijn positief!

> **Tip**
> Het argumentenvenster van een functie is snel te openen als je de functienaam kent. Type in de gewenste cel = en de eerste letters van de functie, bijvoorbeeld =ren. Er wordt direct een keuzelijst getoond met alle functies die met *ren* beginnen. Dubbelklik op de gewenste functie *RENTE*. Klik vervolgens in de formulebalk op het wiskunde functiesymbool, zie figuur 2.1. Het argumentenvenster van de functie wordt getoond. Functies met één argument, bijvoorbeeld *SOM()* of *GEMIDDELDE()* kunnen direct uitgevoerd worden na het dubbelklikken op de keuze uit de keuzelijst.

2. Selecteer cel B6 en toon het argumentenvenster van de functie *RENTE()*, zie figuur 2.8.
3. Aangezien nu alle waarden in het werkblad positief zijn, moet je dat 'achter de schermen' corrigeren. Verder betaal je in maanden, dus de tijdseenheid moet maand zijn, je lost immers iedere maand iets af. Bij argument *Aantal-termijnen* B3*12, dus 36 termijnen. Bij argument *Bet* moet het te betalen maandbedrag geselecteerd worden, maar let op, betalen is negatief, dus –B4. De huidige waarde is het bedrag dat je geleend hebt van de dealer (positief, je hebt het ontvangen), cel B1. Omdat je een restwaarde hebt, moet *Tw* (toekomstige waarde) ingevuld worden. Dat is –B2, het is negatief omdat bij het inleveren van de auto na drie jaar, je de dealer nog € 6500,00 betaalt. Hiermee wordt dan de totale schuld afgelost, zie figuur 2.8. Zie ook de derde opmerking bij voorbeeld 2.1.
4. Het antwoord van de rentefunctie 0,51% (tonen met meer cijfers achter de komma). Dat lijkt wellicht voordelig, maar let op, er is gerekend in maanden, dus het antwoord is in maanden. De maandrente is 0,51%.
5. Ga naar de formulebalk van cel B6 en vermenigvuldig het antwoord met 12, =RENTE(B3*12;-B4;B1;-B2)*12. De rente van de dealer is nu 6,17% per jaar, dus een betere deal dan de bank.
6. Hoeveel rente wordt totaal betaald bij de autodealer gedurende de looptijd? Er is 36 maanden lang € 140,00 betaald, en de afschrijving op de auto is € 9995,00 – € 6500,00 = € 3495,00. Je hebt in drie jaar dus € 3495,00 afgelost. Het verschil van die twee getallen is het bedrag dat aan rente wordt betaald. Selecteer cel B7 en plaats de formule =B4*B3*12-(B1-B2). Het antwoord is € 1545,00. Dat is dus het verschil (rentebedrag) van wat je in drie jaar hebt betaald minus het afgeloste bedrag.

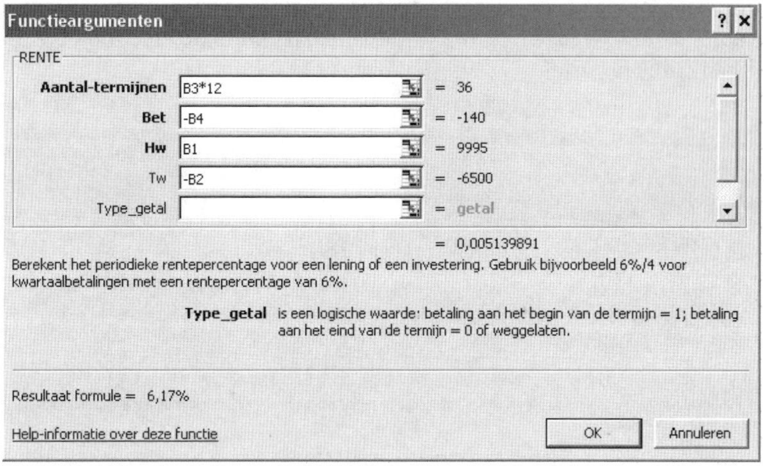

Hoofdstuk 2 – Excel financieel

Figuur 2.8

Opgave 2.1

1. Open bestand *Opgaven 2.xlsx* en selecteer werkblad *Opgave 2.1*.
2. Een bedrijf wil twee heftrucks kopen voor totaal € 25.000,00. Het bedrag wordt geleend bij de bank tegen 6,3% en wordt in vier jaar volledig afgelost. Hoeveel moet het bedrijf per maand betalen? (€ 590,57)
3. Welke rentebedrag is betaald over de gehele looptijd? (€ 3347,38)

Opgave 2.2

1. Open bestand *Opgaven 2.xlsx* en selecteer werkblad *Opgave 2.2*.
2. De handscanners die gebruikt worden in het warehouse zijn aan vervanging toe. Er moeten tien nieuwe scanners komen ter waarde van € 500,00 per stuk. Die kunnen geleased worden of gekocht. De leasemaatschappij geeft de volgende offerte: driejarig contract met een restwaarde van € 500,00 (dit bedrag moet dan aan de leasemaatschappij betaald worden aan het einde van het contract). Het maandbedrag voor de handscanners is door de leasemaatschappij vastgesteld op € 140,00, zonder onderhoudskosten.
Er zijn binnen het bedrijf eigen middelen beschikbaar, maar de controller wenst daar wel een rentevergoeding van 4,5% per jaar op te behalen. Wat is voordeliger: kopen of leasen? Bereken in cel B7 de kosten per maand als de scanners worden gekocht. (Zelf kopen kost € 135,74 per maand.)
3. Bereken in cel D4 het rentepercentage (op jaarbasis) dat de leasemaatschappij in rekening brengt? (6,24%). Merk op dat het verschil in maandbedrag gering is, maar het rentepercentage niet.

Toekomstige waarde en Huidige waarde

Er zijn nog twee veelgebruikte financiële functies TW() en HW(), toekomstige waarde en huidige waarde. Deze worden kort toegelicht, aangezien ze dezelfde argumenten hebben als de voorgaande financiële functies.

TW() heeft als belangrijkste argumenten *Rente*, *Aantal-termijnen*, *Bet* en *Hw*. Voorbeeld: wat is over 20 jaar het bedrag (toekomstige waarde), als je nu € 1000,00 op de bank zet (huidige waarde) tegen 6% jaarrente en je ieder jaar nog € 100,00 extra inlegt (betaalt)? (Antwoord: € 6885,69), zie figuur 2.9. Merk op dat € 1000,00 en € 100,00 wordt betaald aan de bank, dus negatief.

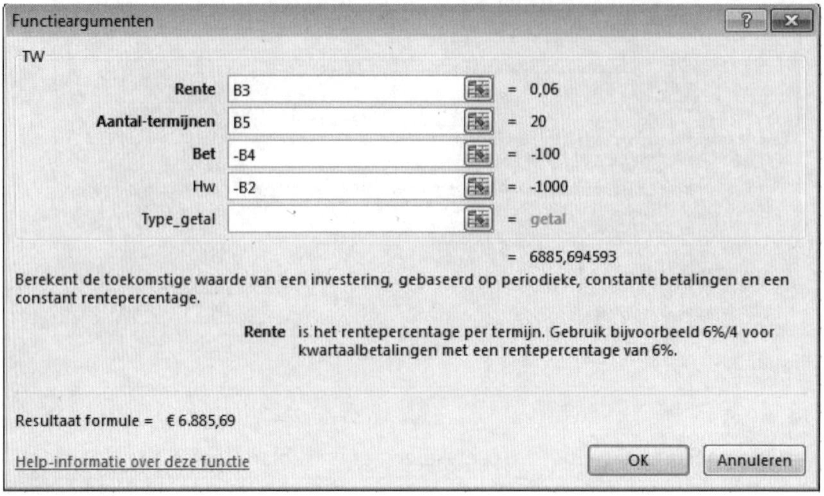

Figuur 2.9

HW() heeft als belangrijkste argumenten *Rente, Aantal-termijnen, Bet* en *Tw*. Voorbeeld: =HW(6%;20;-100;6885,69). Je spaart ieder jaar € 100,00, tegen 6% jaarrente. Wat moet je nu inleggen bij de bank (huidige waarde) als je over 20 jaar € 6885,69 (toekomstige waarde) wilt ontvangen van de bank? (Antwoord: € 1000,00-.)
Merk nogmaals op: betalen is negatief en ontvangen is positief.

Plakken speciaal
Stel dat je een Excel-bestand aan derden wilt geven en daarbij niet de formules wenst te tonen, maar alleen de waarden. Dat kan via *Plakken speciaal*.
Selecteer de gegevens in het werkblad en kopieer die gegevens (rechtermuisknop of Ctrl-C). Selecteer een ander werkblad en kies in het lint *Start*, groep *Klembord*, het pijltje onder *Plakken*. Je krijgt een lijst en venster waarin je allerlei soorten plakken en bewerkingen kunt uitvoeren. Selecteer de derde optie onder *Waarden plakken* (de opmaak blijft dan ook behouden). Je kunt de optie *Plakken speciaal* ook direct selecteren met de rechtermuisknop. Onderaan de lijst met plakopties staat nogmaals *Plakken speciaal*, je krijgt dan een overzicht met nog meer opties.

Opgave 2.3
1. Open bestand *Opgaven 2.xlsx* en selecteer werkblad *Opgave 2.3*.
2. Een 27-jarige werknemer wenst op zijn pensioenleeftijd, 67 jaar, een extra pensioenpot te bezitten van € 100.000,00 (toekomstige waarde). Dat wil hij in de komende 40 jaar sparen. Hij wil gedurende die 40 jaar € 50,00 per maand sparen, tegen een vast rentepercentage van 4,3% per jaar. Welk bedrag moet deze werknemer initieel in de pensioenpot storten om aan het gewenste bedrag te komen (huidige waarde)? Let op, geld betalen is negatief en geld ontvangen is positief. (Antwoord: € 6514,55-.)

3. Een student heeft nu € 250,00 euro gespaard. Hij wil dat op de bank zetten en bovendien willen zijn grootouders iedere week € 20,00 op zijn rekening storten. De bank geeft een rentevergoeding van 3,25%. Over precies één jaar wil hij met zijn rijbewijs beginnen. Wat is over één jaar het startkapitaal voor het behalen van zijn rijbewijs? (Antwoord: € 1315,00.)

Opgave 2.4
1. Open bestand *Opgaven 2.xlsx* en selecteer werkblad *Opgave 2.4*.
2. Bekijk de formules *TW()* en *HW()* in het werkblad.
3. Kopieer de gegevens van het werkblad naar een nieuw werkblad *Kopie Opgave 2.4*. Zorg dat in het nieuwe werkblad de getallen er wel staan, maar de formules bij de huidige en toekomstige waarde verdwenen zijn.

2.2 Afronden

Bij financiële overzichten in Excel worden vaak fouten gemaakt door afrondingsproblemen. Dat wordt zichtbaar gemaakt met een voorbeeld.

Voorbeeld 2.3

1. Open het bestand *Voorbeelden 2.xlsx*, werkblad *Voorbeeld 2.3*.
   Een groothandel in technologie gedreven producten, componenten en accessoires heeft een factuur opgesteld. Die lijkt goed, maar is fout! Reken bijvoorbeeld met een rekenmachine de eerste orderregel na, 300 x € 82,83 = € 24.849,00. Een verschil van € 1,13 met het bedrag in cel G4! Hetzelfde geldt voor de overige orderregels.
2. Toon de kolom met de nettoprijs met vier cijfers achter de komma; lint *Start*, groep *Getal*, *Meer decimalen*. Zie je al wat er fout gaat?
3. Toon ook de bedragen in kolom *Bedrag* met vier cijfers nauwkeurig. De kolommen met valuta worden in twee cijfers achter de komma getoond, maar er zijn meer cijfers achter de komma. Bij berekeningen wordt met *alle* cijfers achter de komma gerekend, ook al worden er maar twee getoond. Dat is de reden waarom het fout gaat.
4. Verwijder cel F4 en in kies in cel F4 de functie *AFRONDEN()*, toon het argumentenvenster, zie figuur 2.10. Voer de berekening uit in argument *Getal* en geef in argument *Aantal-decimalen* het getal 2. In cel F4 staat nu het getal € 82,83; maar vanaf het derde cijfer achter de komma verschijnen allemaal nullen, het is afgerond op twee cijfers nauwkeurig.
5. Kopieer cel F4 via de vulgreep naar de andere artikelen. Het totaal van kolom *Bedrag* is nu € 32.986,20.
6. Kolom *BTW* moet ook afgerond worden, anders kan in de som van de BTW een verschil optreden. De som van de BTW is nu € 6.927,10. Je kunt de formule opnieuw invoeren, zoals bij stap 4, maar je kunt de berekening ook nog aanpassen. Selecteer cel H4 en plaats de cursor precies achter het =-teken in de formulebalk. Type nu *AFR* en dubbelklik in de automatische getoonde keuzelijst op *AFRONDEN*, klik nu op het wiskundige functiesymbool van de formulebalk. Voer bij *Aantal-decimalen* 2 in. Sluit

het venster en kopieer de formule naar de andere artikelen. Merk op dat de som van de BTW nu € 6.927,11 is.

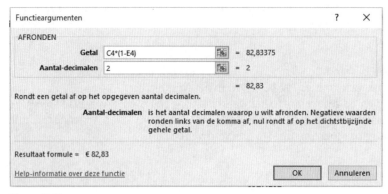

Figuur 2.10

Opmerking
- Let wel op met afronden. Als je € 0,065 afrondt naar € 0,07, is dat een afronding van een kleine 8%. Vandaar dat banken bijvoorbeeld wisselkoersen op vier cijfers nauwkeurig noteren.
- Er kan in Excel op vele manieren afgerond worden. Bijvoorbeeld =AFRONDEN.NAAR.BOVEN() of =AFRONDEN.NAAR.BENEDEN(). Deze functies hebben twee argumenten, het eerste argument is het getal dat afgerond moet worden en het tweede argument is het aantal decimalen. Bijvoorbeeld =AFRONDEN.NAAR.BOVEN(6,2;0) wordt 7. =AFRONDEN.NAAR.BENEDEN(5,1456;2) wordt 5,14 (idem, maar dan afronden naar boven levert 5,15).

Opgave 2.5
1. Open bestand *Opgaven 2.xlsx* en selecteer werkblad *Opgave 2.5*.
   Een groothandel in kantoorartikelen heeft een factuur opgesteld.
2. De berekeningen op de factuur lijken goed, maar zijn dat niet. Bijvoorbeeld in cel G5 moet € 280,00 staan (controleer dat). Corrigeer de gemaakte fouten. (Antwoord: in cel G11, H11 en I11 moet staan: € 7.624,00, € 1.601,04 en € 9.225,04.)

Opgave 2.6
1. Open bestand *Opgaven 2.xlsx* en selecteer werkblad *Opgave 2.6*.
   Een arbeidskracht kan per week 35 zendingen verwerken.
2. Bepaal per week het aantal benodigde arbeidskrachten, altijd afronden naar boven. (Antwoord: eerste berekening 10.)

Hoofdstuk 3

Voorwaardelijke functies

In Excel kun je gebruik maken van voorwaarden. Bijvoorbeeld vanaf € 1000,00 krijg je 10% korting of als je met een creditcard betaalt krijg je 4% toeslag. De functie *ALS()* kan daarvoor gebruikt worden. Ook zijn er belangrijke voorwaardelijke tel- en sommeerfuncties. Bijvoorbeeld hoeveel patiënten liggen op de afdeling neurologie of hoe hoog is het openstaand bedrag van regio Oost?

3.1 Functie ALS()

De functie *ALS()* is een veelgebruikte functie binnen Excel. Hiermee kunnen op basis van een voorwaarde (Waar/Onwaar) twee verschillende acties uitgevoerd worden. Alle voorwaarden moeten zo opgesteld zijn dat ze waar of onwaar (ja/nee) zijn. Je kunt aan een computer vragen *is deze kleur rood?*, maar niet *wat voor kleur is dit?* Met voorbeelden wordt de functie geoefend.

Er is een filmpje bij dit onderwerp: 3-1 ALS-functie.

▬ Voorbeeld 3.1

1. Open bestand *Voorbeelden 3.xlsx* en selecteer werkblad *Voorbeeld 3.1*.
   In de kolom *Resultaat* moet afhankelijk van de behaalde score de tekst *Voldoende* of *Onvoldoende* komen. Een score kleiner dan een 5,5 is een onvoldoende. Hiervoor kun je de functie *ALS()* toepassen.
2. Selecteer cel C2 en selecteer het argumentenvenster van de functie *ALS()*, zie figuur 3.1. Zie de tip bij voorbeeld 2.2 om snel het argumentenvenster te openen.

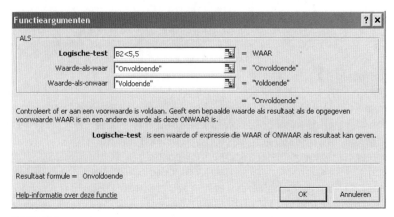

Figuur 3.1

3. De functie heeft drie argumenten. In het eerste argument *Logische-test* moet een voorwaarde staan, waarvan het resultaat Waar/Onwaar (Ja/Nee) is. Voer hier in **B2<5,5** (B2 niet typen, maar aanwijzen), zie figuur 3.1. In het argumentenvenster

kun je direct zien dat voor Peter de voorwaarde waar is. Omdat de functie ook voor de andere scores moet gelden (na het kopiëren), moet *altijd* zowel het argument bij *Waarde-als-waar* als *Waarde-als-onwaar* ingevuld worden.

4. Bij argument *Waarde-als-waar* kun je nu een actie ondernemen indien de voorwaarde waar is, cel B2 kleiner dan 5,5. Hier kunnen berekeningen staan of zoals nu gewoon tekst. Voer in de tekst **Onvoldoende**.
5. Bij het argument *Waarde-als-onwaar* kun je een actie ondernemen indien de voorwaarde niet waar is. De waarde in cel B2 is dus groter of gelijk aan 5,5. Voer in de tekst **Voldoende** en klik op *OK*.
   Merk op dat Excel in het argumentenvenster zelf aanhalingstekens "", niet het apostrofteken ', rondom de tekst Voldoende en Onvoldoende heeft gezet, zie figuur 3.1. Letterlijke tekst moet in het argumentenvenster altijd tussen aanhalingstekens staan! Vaak wordt dat automatisch aangevuld, maar niet altijd. In het werkblad zelf worden de aanhalingstekens *niet* getoond.
6. Kopieer vervolgens cel C2, via de vulgreep, naar de overige studenten.

Bij voorwaarden kunnen de volgende tekens gebruikt worden:

Teken	Betekenis	Voorbeeld
=	Gelijk aan	G12=100
<	Kleiner dan	G12<100
<=	Kleiner dan of gelijk aan	G12<=100
>	Groter dan	G12>100
>=	Groter of gelijk aan	G12>=100
<>	Ongelijk	G12<>100

Figuur 3.2

> **Opmerking**
> Let op dat je de ongelijkheidstekens in de juiste volgorde invult, bijvoorbeeld G12=<100 levert een foutmelding op (Ongeldig).

Voorbeeld 3.2

1. Open bestand *Voorbeelden 3.xlsx* en selecteer werkblad *Voorbeeld 3.2*.
   Alleen bij betalingen met een creditcard wordt een toeslag van 3,5% gerekend. Dit kan met de functie *ALS()* gecontroleerd en berekend worden.
2. Selecteer cel C4 en open het argumentenvenster van de functie *ALS()*.
3. Typ bij de voorwaarde (Logische-test) **A4="Creditcard"**. Voor de eerste betalingsregel wordt gecontroleerd of er met een creditcard betaald is. Staat in cel A4 (Betaalwijze) de tekst Creditcard? Merk op dat de tekst Creditcard tussen aanhalingstekens moet staan in het argumentenvenster, zie figuur 3.3. Die aanhalingstekens worden niet automatisch toegevoegd bij een voorwaarde.

> **Let op**
> Een veel gemaakte fout is het invoeren van de voorwaarde A4=A6. In cel A6 staat ook de tekst *Creditcard*, maar als de functie wordt gekopieerd naar de overige betalingsregels, gaat het mis. Vastzetten van cel A6 is ook geen optie, omdat later eventueel betalingsregels worden gewijzigd, verwijderd of toegevoegd.

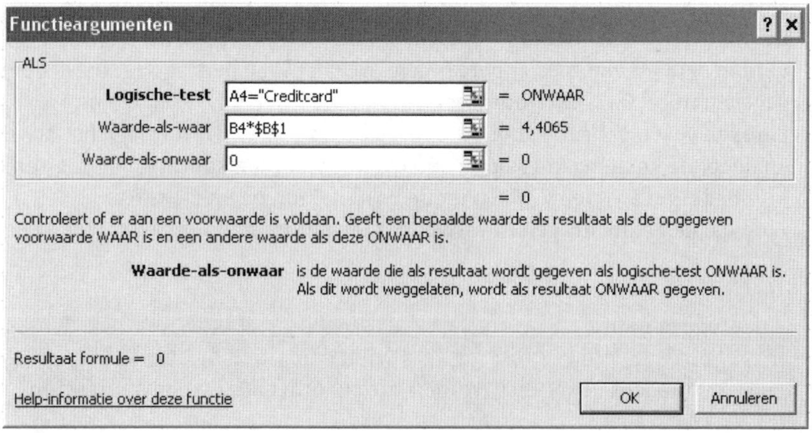

Figuur 3.3

4. Indien de voorwaarde *Waar* is, moet 3,5% toeslag worden berekend. Plaats de toeslagberekening **B4*$B$1** in het waar-argument, zie figuur 3.3. Merk op dat cel B1 absoluut moet zijn en dat *altijd* zowel het argument bij waar als onwaar ingevuld moet worden bij de functie ALS() omdat die ook voor de overige rijen moet gelden.
5. Is de voorwaarde *Onwaar*, dan hoeft geen toeslag betaald te worden. In het onwaar-argument kan dus het getal **0** ingetoetst worden, zie figuur 3.3.
6. Kopieer de functie ALS() naar de overige betalingen en zorg dat die kolom als valuta wordt getoond. Het kan zijn dat bij € 0,00 toeslag een streepje wordt getoond. Dat is eventueel te wijzigen via het lint *Start*, groep *Getal*, uit de keuzelijst *Valuta* selecteren of via de rechtermuisknop en dan *Celeigenschappen*.
7. In cel D4 kunnen de twee bedragen opgeteld worden, er staat =B4+C4.

Opgave 3.1

1. Open bestand *Opgaven 3.xlsx* en selecteer werkblad *Opgave 3.1*.
2. Bereken het btw-bedrag over het bedrag. Voor artikelgroep 1 geldt het lage btw-tarief en voor artikelgroep 2 geldt het hoge btw-tarief. (Antwoord: eerst twee waarden: € 21,15 en € 6,64.)
3. Bereken bij *Totaal* het bedrag inclusief de btw. (Antwoord: eerst twee waarden: € 373,70 en € 38,28.)

Opgave 3.2
1. Open bestand *Opgaven 3.xlsx* en selecteer werkblad *Opgave 3.2*.
   Bij rederij Maersk repareert men de eigen containers, maar ook derden kunnen hun containers aanbieden ter reparatie. Het bedrag van de reparatie wordt berekend op basis van het aantal uur dat de reparatie heeft geduurd tegen een vast uurtarief en het gebruikte materiaal. De containers die voor derden worden gerepareerd krijgen een opslagpercentage (*Toeslag*) over arbeidsloon en materiaal. Maersk-containers zijn te herkennen aan code MSKU.
2. Bereken het basisbedrag, dat is arbeidsloon inclusief materiaalkosten. Uurtarief staat gegeven in cel B5. (Antwoord: eerste twee waarden € 115,00 en € 365,00.)
3. Bereken het toeslagbedrag, voor Maersk-containers is het toeslagbedrag € 0,00 en derden betalen een toeslagpercentage over het basisbedrag. Het toeslagpercentage is gegeven in cel B4. (Antwoord: eerste twee waarden € 17,25 en € 0,00.)
4. Bereken vervolgens het subtotaal (basisbedrag inclusief toeslag), het btw-bedrag en de totale kosten. (Antwoord: eerste twee waarden subtotaal € 132,25 en € 365,00; btw-bedrag € 27,77 en € 76,65; totale kosten € 160,02 en € 441,65.)
5. Zorg dat de geldbedragen in valuta worden getoond.

> **Opmerking**
> Bij de kolom btw-bedrag verschijnt een groen driehoekje, die waarschuwing kan genegeerd worden, zie eventueel de laatste opmerking bij *Voorbeeld 1.4*.

Voorwaardelijke tel- en sommeerfuncties

De Excelfuncties *SOM()*, *MIN()*, *MAX()* en *GEMIDDELDE()* zijn al toegelicht. Er is nog een aantal handige (voorwaardelijke) tel- en sommeerfuncties in Excel. Die gaan we toelichten.

Er is een filmpje over deze functies beschikbaar: 3-2 Voorwaardelijk tellen-sommeren.

=AANTALARG()	Telt het aantal niet lege cellen in een bereik. Het gegevenstype (tekst, getal, datum) maakt niet uit. ARG staat voor argumenten.
=AANTAL()	Telt het aantal *getallen* in een bereik. Als je alleen wilt tellen, kies dan de functie *AANTALARG()*. Heb je een bereik waarin zowel getallen als tekst zitten en je wilt alleen de getallen tellen, kies dan de functie *AANTAL()*.
=AANTAL.ALS()	Het aantal niet lege cellen in een bereik bepalen, die voldoen aan een voorwaarde. Voorbeeld: *=AANTAL.ALS(A1:A14;"Creditcard")*. Telt het aantal keren dat het woord *Creditcard* in het cellenbereik A1:A14 voorkomt. Let op dat er geen extra spaties staan in het criterium, er wordt dan niets gevonden. Gebruik voor deze functie het argumentenvenster waarin de argumenten ingevoerd kunnen worden.

=SOM.ALS()	Getallen sommeren (optellen) op basis van een voorwaarde. Voorbeeld: =SOM.ALS(A8:A16;"<>MSKU";G8:G16). Eerste argument is *Bereik* waarin de voorwaarde gezocht wordt. Tweede argument is de voorwaarde, in het voorbeeld wordt ongelijk aan MSKU gezocht in het bereik A8:A16. Merk op dat het ongelijkheidsteken binnen de aanhalingstekens moet staan! De aanhalingstekens worden automatisch geplaatst. Het derde argument is het *Optelbereik*. Dat is de kolom of rij die op basis van de voorwaarde wordt opgeteld. Gebruik voor deze functie het argumentenvenster waarin de argumenten ingevoerd kunnen worden.
GEMIDDELDE.ALS()	Gemiddelde berekenen op basis van een voorwaarde. Voorbeeld: =GEMIDDELDE.ALS(E8:E16;"<10";G8:G16). Eerste argument is *Bereik* waarin de voorwaarde gezocht wordt. Tweede argument is de voorwaarde, in het voorbeeld wordt kleiner dan de waarde 10 gezocht in het bereik E8:E16. Merk op dat de gehele vergelijking, ook bij numerieke waarden, tussen aanhalingstekens is geplaatst. De aanhalingstekens worden automatisch geplaatst. Het derde argument is het *Gemiddelde_bereik*. Dat is de kolom of rij die op basis van de voorwaarde wordt opgeteld. Gebruik voor deze functie het argumentenvenster waarin de argumenten ingevoerd kunnen worden.

6. Plaats onder kolom *Totaal* twee berekeningen. In cel K18 staat het grootste bedrag uit die kolom en in cel K19 het laagste bedrag uit die kolom. Zorg ook voor passende teksten. (Antwoord: hoogste totaal: 925,35; laagste totaal: 160,02.)
7. Bepaal het gemiddelde materiaalbedrag en toeslagbedrag in cel F18 en cel H18. Zorg voor passende teksten. (Antwoord: gem.materiaal: € 132,22; gem. toeslag: € 27,50.)
8. Bepaal in cel D18 via een functie het aantal containers dat ter reparatie is aangeboden. (Antwoord: 9.)
9. Bepaal in cel D19 via een functie het aantal Maersk containers dat is aangeboden. (Antwoord: 3.)
10. Bepaal in cel D20 via een functie het aantal containers waarbij het materiaalbedrag kleiner is dan € 100,00. (Antwoord: 5.)
11. Bepaal in cel D21 via een functie het totale bedrag van alle Maersk-containers. (Antwoord: € 1004,30.)
12. Bepaal in cel D22 via een functie het totale bedrag van alle derde aanbieders (ongelijk aan Maersk) van containers, zie figuur 3.2 voor de voorwaarde en bekijk het voorbeeld van =SOM.ALS(). (Antwoord: € 2295,98.)
13. Bepaal in cel D23 via een functie het totale basisbedrag voor rederij OCLU. (Antwoord: € 590,00.)
14. Bepaal in cel F19 via een functie het gemiddelde materiaalbedrag, waarbij het aantal gewerkte uren aan een reparatie kleiner is dan 2 uur. (Antwoord: € 78,75.)
15. Het gemiddelde toeslagbedrag in cel H18 is niet helemaal zuiver; de Maersk containers zijn ook meegerekend. Bepaal in cel H19 via een functie het gemiddelde toeslagbedrag dat aan derden (ongelijk aan Maersk) is gerekend. (Antwoord: € 41,25.)

3.2 Geneste functie ALS()

Tot nu toe heb je bij de functie ALS() iedere keer voorwaarden gehad met twee mogelijkheden, voldoende/onvoldoende of creditcard/geen creditcard. Maar wat als er drie mogelijkheden zijn? Bijvoorbeeld onder de € 100,00 geen korting, vanaf € 100,00 tot € 1000,00 een korting van 10% en vanaf € 1000,00 15% korting. Dit is schematisch weergegeven in figuur 3.4, er zijn dan twee voorwaarden. In de eerste functie ALS() moet dan bij *Onwaar* opnieuw een functie ALS() toegepast worden voor de tweede voorwaarde. Dit wordt nesten genoemd. Vanaf vier of meer mogelijkheden is de functie ALS() niet goed meer bruikbaar. Dan moet je een andere functie toepassen, maar dat is voor het volgende hoofdstuk *Zoeken*.

Er is een filmpje bij dit onderwerp: 3-3 ALS-functie genest.

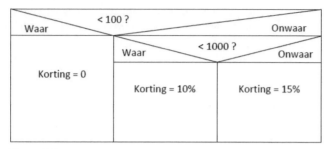

Figuur 3.4

Voorbeeld 3.3

1. Open bestand *Voorbeelden 3.xlsx* en selecteer werkblad *Voorbeeld 3.3*.
   Er zijn drie artikelgroepen, artikelgroep 0 heeft geen btw, artikelgroep 1 heeft 6% btw en artikelgroep 2 heeft 21% btw.
2. Selecteer cel F5 en activeer het argumentenvenster van de functie ALS(), zie figuur 3.5.
3. Controleer voor de eerste betalingsregel of de artikelgroep de waarde 0 heeft met de voorwaarde A5=0, als dat waar is, is het btw-bedrag € 0, zie figuur 3.5.
4. Plaats de cursor nu in het argument *Waarde-als-onwaar*. Hierin kun je nog geen berekening maken, want er zijn nu nog twee opties, de artikelgroep heeft de waarde 1 of de artikelgroep heeft de waarde 2. Er moet dus opnieuw een functie ALS() toegepast worden in het argument onwaar. Dat kun je handmatig invoeren, maar voor de tweede keer een argumentenvenster oproepen van de functie ALS() is eenvoudiger. Selecteer in de keuzelijst van de formulebalk opnieuw de functie ALS(), zie figuur 3.6. Er verschijnt een nieuw blanco argumentenvenster van de functie ALS(), waarin je de tweede voorwaarde kunt plaatsen.
5. Controleer voor de eerste betalingsregel of de artikelgroep de waarde 1 heeft met de voorwaarde A5=1, als dat waar is volgt de berekening E5*$C$1 (Bedrag × 6% BTW), bij onwaar (de artikelgroep moet de waarde 2 zijn) de berekening E5*$C$2 (Bedrag × 21%BTW), zie figuur 3.7. Sluit het argumenten venster.

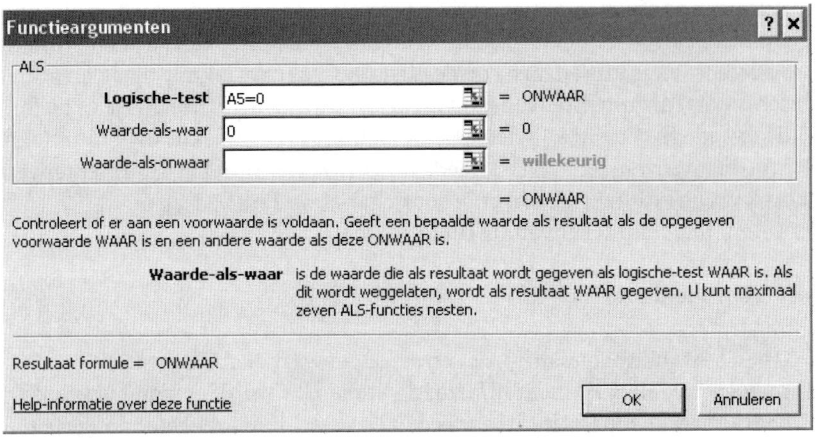

Hoofdstuk 3 – Voorwaardelijke functies

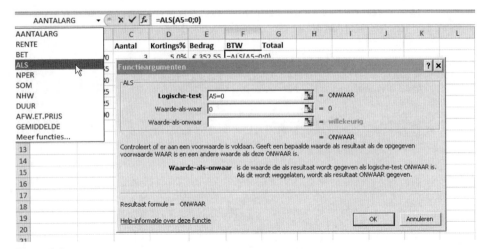

Figuur 3.5

Figuur 3.6

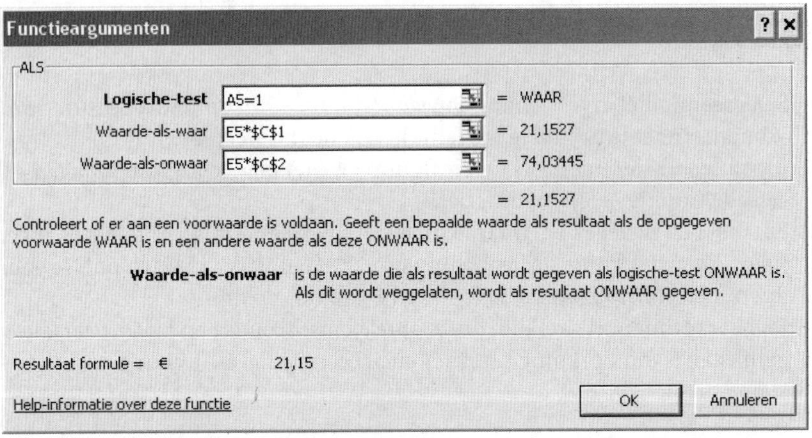

Figuur 3.7

6. Selecteer opnieuw cel F5 en bekijk de totale berekening in de formulebalk =ALS(A5=0;0;ALS(A5=1;E5*$C$1;E5*$C$2)). Als je in de formulebalk de eerste functie ALS() selecteert en je klikt daarna op de wiskundige functieknop op de formulebalk, verschijnt het argumentenvenster van de eerste ALS()-functie. Als je in de formulebalk de tweede functie ALS() selecteert, verschijnt via de wiskundige functieknop het argumentenvenster van de tweede ALS()-functie. Sluit het argumentenvenster en trek via de vulgreep de formule door naar de andere bedragen.
7. Kolom *Totaal* is nu eenvoudig uit te rekenen.

▬▬ Voorbeeld 3.4

1. Open bestand *Voorbeelden 3.xlsx* en selecteer werkblad *Voorbeeld 3.4*.
   In kolom *Opmerking* moet informatie komen. Er wordt getoond *Akkoord* als het totale bedrag van de reparatie kleiner is dan € 250,00. Er wordt getoond *Telefonisch contact* als het bedrag groter of gelijk is aan € 250,00, maar kleiner dan € 500,00. Is het bedrag groter of gelijk aan € 500,00 dan moet getoond worden *E-mail bevestiging*.
2. Selecteer cel J4 voor de eerste opmerking. Activeer het argumentenvenster van de functie ALS() en plaats de eerste voorwaarde, en type bij *Waar* de opmerking *Akkoord*, figuur 3.8.

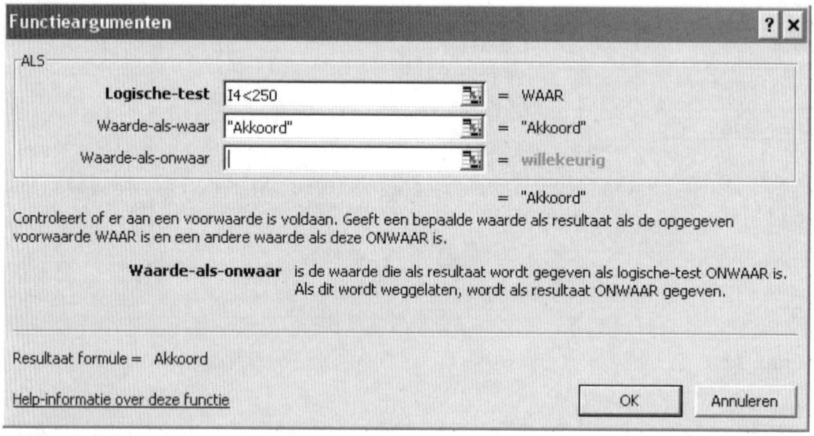

Figuur 3.8

3. Selecteer nu het argument bij *Onwaar*. Hier moet nu opnieuw de functie ALS() komen, omdat je nog twee mogelijkheden hebt. Selecteer via de keuzelijst van de formulebalk de functie ALS(), zie figuur 3.6. Het blanco argumentenvenster van de tweede functie ALS() wordt actief.
4. Nu moet de tweede voorwaarde ingevoerd worden. Denk erom dat je alleen in dit tweede venster komt als het bedrag groter of gelijk is aan € 250,00! De voorwaarde is dus alleen controleren op kleiner dan € 500,00, zie figuur 3.9.
5. Bij het argument *Waar* komt de tekst *Telefonisch contact* en bij *Onwaar*, dus groter of gelijk aan € 500,00, komt de tekst *E-mail bevestiging*, zie figuur 3.9.

Hoofdstuk 3 – Voorwaardelijke functies

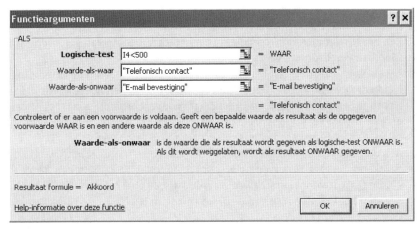

Figuur 3.9

6. Trek de functie door voor de overige reparaties, maak de kolom iets breder en controleer de werking.

Opgave 3.3

1. Open bestand *Opgaven 3.xlsx* en selecteer werkblad *Opgave 3.3*.
   In opgave 1.7 is een ABC-analyse gemaakt van de verkoopgegevens (afzet). Die was nog niet helemaal compleet. A-artikelen (snellopers) worden bepaald door 80% van de cumulatieve afzet, B-artikelen (normaallopers) groter dan 80% tot en met 95% en de overige zijn C-artikelen (langzaamlopers).
2. Maak een extra kolom *ABC* (Kolom S) waarin automatisch de letter A, B of C komt te staan indien het artikel een A, B of C-artikel is.

> **Opmerking**
> Voer niet bijvoorbeeld het getal 80 in, maar 80%. Indien in een cel een percentage wordt getoond, bijvoorbeeld 65%, staat in de cel de waarde 0,65.

3. Bepaal de totale afzet van de A-artikelen, B-artikelen en C-artikelen (Tip: 3x: SOM. ALS() toepassen). Plaats de antwoorden in cel U2, U3 en U4 en zorg voor een passende tekst.

> **Tip**
> Binnen de *ALS()*-functie is opnieuw een *ALS()*-functie toegepast, dat wordt nesten genoemd. Die tweede *ALS()*-functie is geselecteerd via de keuzelijst in de formulebalk. Het komt vaker voor dat er binnen een functie opnieuw een functie toegepast moet worden. De eenvoudigste manier om de tweede functie te selecteren is de gedemonstreerde methode, via de keuzelijst van de formulebalk.

Opgave 3.4
1. Open bestand *Opgaven 3.xlsx* en selecteer werkblad *Opgave 3.4*.
   Een bedrijf dat metalen veredelt, wenst het totaalbedrag van een order te bepalen. Men kan verchromen, verzinken of vernikkelen.
2. Bepaal voor de orders het bedrag dat men moet betalen voor de veredeling (kolom F). Het bedrag wordt bepaald door het type behandeling en het gewicht in kilogram. Het type bewerking is gecodeerd: 1 staat voor verchromen, 2 staat voor verzinken en 3 staat voor vernikkelen. De prijzen per kilogram voor de bewerking staan in de cellen C2:C4. (Antwoord eerste twee waarden: € 52,50 en € 252,00.)
3. Afhankelijk van de kwaliteit van het metaal (goed, matig, slecht) wordt een toeslag berekend. De toeslagpercentages staan in de cellen F2:F4. Bereken de toeslag in kolom G. (Antwoord eerste twee waarden: € 7,88 en € 0,00.)
4. Bereken het totaalbedrag van de order in kolom H.

3.3 Meerdere condities

Tot nu toe heb je iedere keer maar één conditie gehad in de voorwaarden, bijvoorbeeld A5<100 of B7="Creditcard". Maar wat als er meerdere condities nodig zijn in een voorwaarde (logische test), bijvoorbeeld korting als de rederijcode MSKU of OCLU is? Daarvoor zijn twee extra functies *EN()* en *OF()* beschikbaar. De functie *EN()* levert de waarde *Waar* op, indien *alle* individuele voorwaarden binnen de functie *EN()* waar zijn. De functie *OF()* levert de waarde *Waar* op, indien één of meer van de voorwaarden binnen de functie *OF()* waar is. Bijvoorbeeld de voorwaarde *EN(A3="Volkswagen";A4="Golf")* is waar als in cel A3 de tekst *Volkswagen* staat en bovendien in cel A4 de tekst *Golf*. De functie *OF(A3="Volkswagen";A4="Golf")* werkt op een gelijke wijze, maar is waar als één van de voorwaarden (of beide) waar is, dus is ook waar bij Volkswagen Passat. Alle Volkswagens én Renaults zijn te selecteren met de functie *OF(A3="Volkswagen";A3="Renault")*.

▬ Voorbeeld 3.5

1. Open bestand *Voorbeelden 3.xlsx* en selecteer werkblad *Voorbeeld 3.5*.
   Rederij Maersk, code MSKU, heeft een rederij overgenomen en nu zijn containers met de code AJCU ook Maersk-containers. Maersk-containers hebben geen toeslag en containers van derden hebben 15% toeslag.
2. Selecteer cel E6 en activeer het argumentenvenster van de functie *ALS()*.
3. In de voorwaarde (logische test) moet gecontroleerd worden in cel A6 op MSKU of AJCU, dus de functie *OF()* toepassen. Selecteer in de formulebalk de keuzelijst, zie figuur 3.6 en kies *Meerdere functies*, selecteer categorie *Logisch* en kies de functie *OF()*, zie figuur 3.10.
4. Vul de twee voorwaarden (logische test) van de functie *OF()* in, zie figuur 3.11, en klik *OK*. Er volgt een foutmelding, de functie *ALS()* wordt namelijk ook direct gesloten en die is nog niet af. Accepteer de foutmelding.

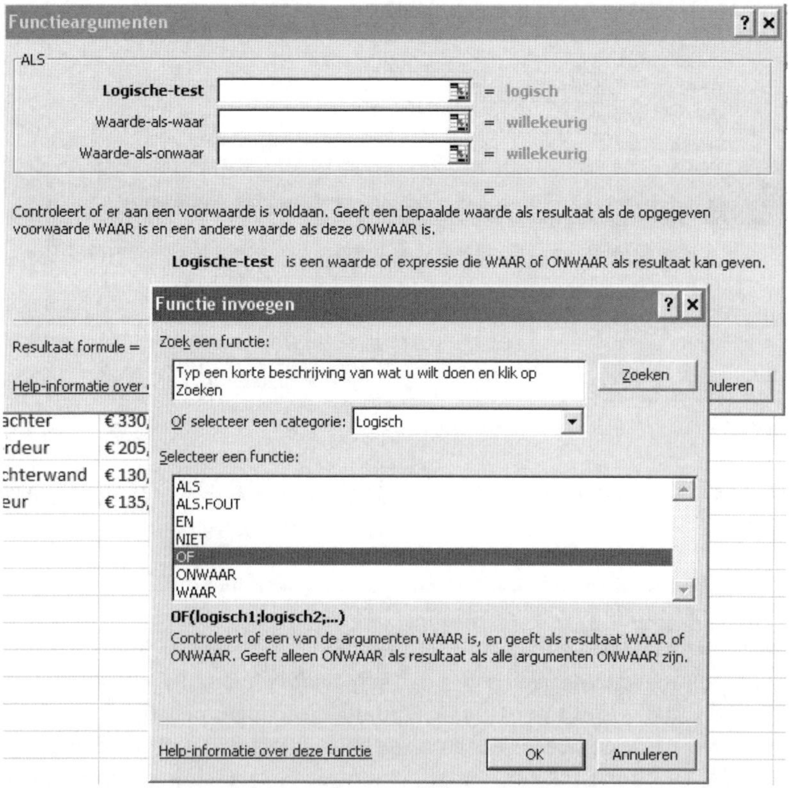

Hoofdstuk 3 – Voorwaardelijke functies

Figuur 3.10

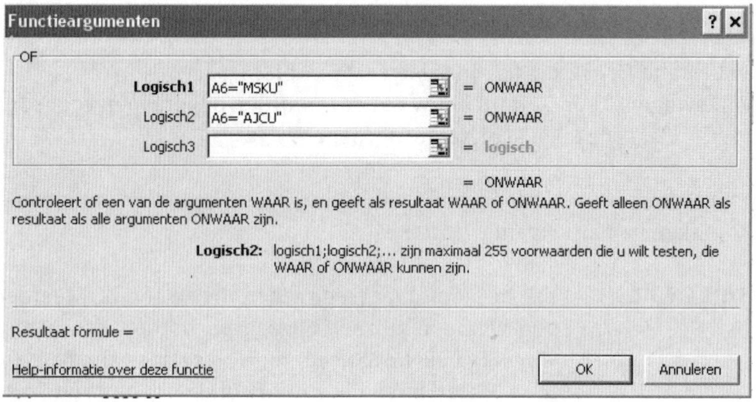

Figuur 3.11

5. Klik met de muis op de tekst *ALS* in de formulebalk en klik daarna op het wiskundige functiesymbool, de functie *ALS()* wordt weer getoond, zie figuur 3.12.
6. Plaats de berekeningen bij argument *Waar* en *Onwaar*, zie figuur 3.12.

Aan de slag met Excel 2016

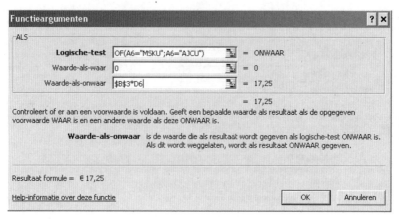

Figuur 3.12

7. Trek de functie door naar de overige rijen en zorg dat de kolom in valuta wordt getoond.

> **Opmerking**
> - Als je een wijziging wilt doorvoeren in de functies OF() of EN(), selecteer dan de gewenste functie in de formulebalk en klik vervolgens op het wiskundige functiesymbool op de formulebalk.
> - Als je de tweede voorwaarde bij de functie EN() of OF() invult, komt automatisch een derde voorwaarde te voorschijn enzovoort, zie figuur 3.11.

Opgave 3.5
1. Open bestand *Opgaven 3.xlsx* en selecteer werkblad *Opgave 3.5*.
2. De Volkswagens type Golf uit bouwjaar 2015 worden opgeroepen voor een terugroepactie. Plaats de tekst *Ja* of *Nee* terugroepen.

Indien meerdere voorwaarden (condities) nodig zijn bij het tellen en sommeren kun je gebruik maken van de volgende functies:

=AANTALLEN.ALS() Telt het aantal niet-lege cellen in een bereik. Meerdere voorwaarden kunnen opgegeven worden. Voorbeeld: =AANTALLEN.ALS(A4:A20;"Volkswagen";B4:B20;"Golf";D4:D20;"<2013"). Telt het aantal Volkswagens, type Golf, met een bouwjaar voor 2013. De voorwaarden moeten alle drie voldoen om geteld te worden (EN-voorwaarden).
Belangrijk: Elk extra bereik moet hetzelfde aantal rijen en kolommen hebben als het eerste argument. Het bereik van de tweede voorwaarde mag bijvoorbeeld niet B4:B21 zijn. De

Hoofdstuk 3 – Voorwaardelijke functies

	bereiken hoeven niet aan elkaar te grenzen, zie bijvoorbeeld D4:D20.
=SOMMEN.ALS()	Sommeert getallen op basis van meerdere voorwaarden, zie figuur 3.13. Sommeert reparatiebedrag (M7:M100) van alle Volkswagens (H7:H100) met een bouwjaar (J7:J100) voor 2013. Het zijn ook EN-voorwaarden. Elk extra bereik moet hetzelfde aantal rijen en kolommen hebben als het eerste argument.
GEMIDDELDEN.ALS()	Gemiddelde berekenen op basis van meerdere voorwaarden. Voorbeeld: GEMIDDELDEN.ALS(D5:D100;B5:B100;"Golf"; C5:C100;"<2013"). Bepaalt gemiddelde km-stand (D5:D100) van alle Golf auto's (B5:B100) met een bouwjaar (C5:C100) voor 2013. Het zijn ook EN-voorwaarden. Elk extra bereik moet hetzelfde aantal rijen en kolommen hebben als het eerste argument.

Figuur 3.13

Opgave 3.6
1. Open bestand *Opgaven 3.xlsx* en selecteer werkblad *Opgave 3.6*.
2. Bepaal in cel F15 met een formule het aantal auto's van het type Golf vanaf bouwjaar 2015 of hoger (AANTALLEN.ALS() toepassen, antwoord: 2).
3. Bepaal in cel F16 met een formule het totale bedrag aan reparatiekosten van alle auto's van het type Golf uit het bouwjaar 2015. Aanwijzing: *SOMMEN.ALS()* toepassen. (Antwoord: € 512,20.)
4. Bepaal het totale reparatiebedrag in cel F17 van alle auto's van het type Golf waarvoor het reparatiebedrag groter is dan € 300,00 (Antwoord: € 1118,60).
5. Bereken in cel D15 de gemiddelde km-stand van alle auto's van het type Golf en een bouwjaar voor 2015. (Antwoord: 77800,33.)

Hoofdstuk 4

Zoeken

In dit hoofdstuk ga je zoekacties uitvoeren. Dit zijn zeer 'krachtige' functies die veel toegepast kunnen worden. In hoofdstuk 3 is de functie *ALS()* toegelicht met daarin maximaal twee voorwaarden. Als er meer voorwaarden zijn is de functie *ALS()* evenwel niet goed inzetbaar meer. Je kunt dan beter zoekfuncties toepassen.

Er worden twee zoekfuncties toegepast, verticaal zoeken en horizontaal zoeken. Hiermee is zeer veel mogelijk, zoals je zult merken. De meeste voorbeelden gaan over verticaal zoeken, aangezien dat in de praktijk het meest gebruikt wordt. Horizontaal zoeken is hetzelfde als verticaal zoeken, alleen, zoals de naam al doet vermoeden, wordt er horizontaal gezocht. In het zoeken wordt onderscheid gemaakt tussen exact zoeken (de zoekwaarde moet exact overeenkomen) en zoeken in een bereik.

Het maken van frequentietabellen wordt ook in dit hoofdstuk toegelicht. Hierin worden gegevens gezocht en per klasse (categorie) geteld. Bijvoorbeeld het aantal per dag geproduceerde eenheden in klassen (categorieën) indelen. De klasse 100-120 stuks geproduceerd per dag, is de afgelopen maand zes keer voorgekomen, tussen 120-150 stuks geproduceerd per dag is acht keer in de afgelopen maand voorgekomen, etc. Handig voor het produceren van KPI's (kritische prestatie-indicatoren).

4.1 Verticaal zoeken, exacte waarde

De functie VERT.ZOEKEN(), verticaal zoeken wordt veel toegepast in Excel-modellen binnen allerlei vakgebieden. Het biedt de mogelijkheid waarden in tabellen op te zoeken, bijvoorbeeld om op basis van een afstand in kilometers een transportprijs te kunnen bepalen. Of om op basis van een postcode het opslagpercentage van een verzekering vast te leggen. De voorbeelden zijn talrijk, het is een functie met vele mogelijkheden. Een aantal voorbeelden wordt uitgewerkt om de mogelijkheden van de functie te laten zien. Opdrachten kunnen worden gemaakt om het verder te oefenen. We starten eerst met exact zoeken. De waarde die we zoeken moet exact overeenkomen. Er is een filmpje bij dit onderwerp: 4-1 Verticaal zoeken exact.

Voorbeeld 4.1

1. Open bestand *Voorbeelden 4.xlsx* en selecteer werkblad *Voorbeeld 4.1*.
   Bedrijf Transload kan containers die over het water zijn aangevoerd, voor klanten opslaan. Aan het aan land plaatsen van de containers zijn kosten verbonden (handling fee). Er zijn verschillende typen containers en voor elk type geldt een andere

handling fee. Als containers in opslag worden genomen voor een klant, wil men snel de handling fee per type container weten, het subtotaal en het totale bedrag. De handling fee per containertype, inclusief omschrijving, staat in werkblad *Containertype 4.1*. In dat werkblad staan alle type containers die Transload in opslag kan nemen. Het type van de container, de omschrijving en handling fee zijn gegeven. Dit is dus de basistabel (matrix) waarin alle basisgegevens staan.

In werkblad *Voorbeeld 4.1* moet uitgerekend worden wat een klant aan handling fee moet betalen. In het werkblad is al ingevoerd welk type containers, en het aantal van dat type, voor de klant moet worden gelost.

2. Selecteer cel B6 in werkblad *Voorbeeld 4.1*, hierin moet de omschrijving van het containertype 4FR komen. Die omschrijving kunnen we opzoeken in de basistabel (matrix), werkblad *Containertype 4.1* en tonen in cel B6. Activeer het argumentenvenster van functie VERT.ZOEKEN(), zie figuur 4.1. Het venster heeft vier argumenten, die altijd ingevuld moeten worden.
3. Selecteer het eerste argument *Zoekwaarde*. Hierin moet opgegeven worden *waarmee* gezocht gaat worden in de basistabel. De omschrijving kan in de basistabel gevonden worden op basis van het containertype 4FR (cel A6), dus cel A6 selecteren, zie figuur 4.1.

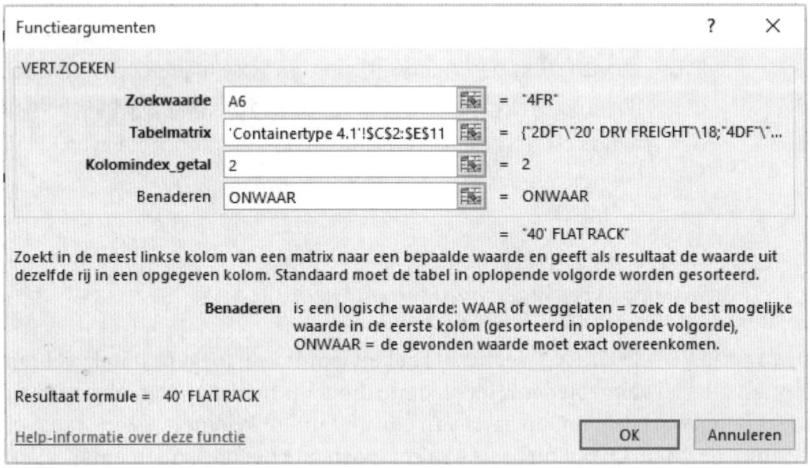

Figuur 4.1

4. Selecteer argument *Tabelmatrix*. In argument *Tabelmatrix* moet opgegeven worden in welke tabel (matrix) de zoekwaarde gezocht kan worden, onze basistabel in werkblad *Containertype 4.1*. Selecteer in werkblad *Containertype 4.1* de *volledige* basistabel (matrix), exclusief kopregel, daarin wordt immers niet gezocht, dus cellen C2:E11. Maak die cellen direct absoluut, via de toets F4. Je wijst daardoor altijd naar dezelfde gegevensgroep (matrix) als de functie straks gekopieerd wordt naar de andere rijen. Dus maak de tabelmatrix altijd absoluut, zie figuur 4.1!
5. Het derde argument is *Kolomindex_getal*. In dat argument moet opgegeven worden in welke kolom van de matrix de gewenste informatie staat. De gewenste informatie is *Omschrijving*. Er wordt *altijd* in kolom 1 van de geselecteerde matrix gezocht,

in dit voorbeeld C2:C11. De gewenste omschrijving staat in kolom 2 van de geselecteerde matrix. Typ in het argument het getal **2** (tweede kolom van de matrix: D2:D11), zie figuur 4.1.

> **Opmerking**
> Het is de tweede kolom uit de geselecteerde matrix en niet de tweede kolom van het werkblad!
> Om dat in dit voorbeeld duidelijk te maken begint de matrix niet in cel A1.

6. In het vierde argument *Benaderen* moet opgegeven worden of de gezochte waarde (4FR) exact overeen moet komen met de waarden in de eerste kolom van de matrix of niet (Waar/Onwaar). Nu moet die waarde exact overeenkomen. In het argumentenvenster kun je onderin lezen of dat *Waar* of *Onwaar* is. Exact overeenkomen is *Onwaar*, zie figuur 4.1. Klik op *OK*. (In paragraaf 4.2 staan voorbeelden waarin het laatste argument *Waar* is.)
7. In werkblad *Voorbeeld 4.1* staat nu onder *Omschrijving* 40' FLAT RACK. Trek de formule door naar de overige containers.
8. Op identieke wijze wordt de handling fee pu (per unit) van de type containers 'opgehaald' in de basistabel. Selecteer in werkblad *Voorbeeld 4.1* cel C6 en activeer het argumentenvenster van de functie VERT.ZOEKEN(). Opnieuw moet op basis van het containertype (4FR) gezocht worden in de basistabel voor de handling fee. Dus, eerste argument is opnieuw cel A6. Tweede argument is weer de basistabel. Selecteer in werkblad *Containertype 4.1* de *volledige* basistabel (matrix - cellen C2:E11), exclusief kopregel en maak het bereik opnieuw absoluut (F4). Het derde argument is het kolomnummer uit de basistabel die wordt gezocht. Nu de handling fee en dat is de derde kolom uit de matrix, dus het getal **3** invullen. In het laatste argument moet **Onwaar** staat, de zoekwaarde moet exact overeen komen.
9. In werkblad *Voorbeeld 4.1* staat nu onder *Handling fee pu* 27,5. Trek de formule door naar de overige containers en voorzie die kolom van het euroteken.
10. Bereken als laatste de kolom subtotaal (aantal × de handling fee).

> **Opmerking**
> 1. De gegevens zijn nu twee keer gekopieerd naar de overige rijen, eerst omschrijving en daarna de handling fee. Het kan ook in één keer; handig bij veel rijen. Plaats eerst de functies in cel B6 en C6. Selecteer, door slepen, de cellen B6:C6. Trek die selectie, via de vulgreep, door naar de overige rijen.
> 2. Selecteer cel H3, de datum. In de formulebalk staat =VANDAAG(). Dat is een handige functie. Ook de functie =NU() bestaat, die toont datum en tijd.
> 3. Als meer dan vier containertypen binnenkomen, moeten rijen toegevoegd worden. Verplaats de muiswijzer naar de rijnummers van Excel (helemaal links). Als je op een rijnummer van Excel klikt, selecteer je

> een hele rij, eventueel slepen om meerdere rijen tegelijk te selecteren. Via de rechtermuisknop kun je nu rijen *Invoegen*. Via dat snelmenu zijn ook rijen te *Verwijderen*, te *Verbergen* en weer *Zichtbaar* te maken. Hetzelfde geldt uiteraard voor kolommen (muiswijzer op een kolomletter plaatsen en klikken om te selecteren).

Opgave 4.1
1. Open bestand *Opgaven 4.xlsx* en selecteer werkblad *Opgave 4.1*.
   Van een groothandel zijn de volgende gegevens bekend: artikelcode, ABC-artikel, inkoopprijs, leverancier en voorraad. In werkblad *Leverancier 4.1* staat informatie over leveranciers en de servicegraden van de ABC-artikelen.
2. Toon in kolom F van werkblad *Opgave 4.1* de levertijden van de artikelen. Aanwijzing: maak gebruik van de leveranciergegevens uit matrix A2:D12 in werkblad *Leverancier 4.1*. (Antwoord eerste artikel: 9.)
3. Toon in kolom G van werkblad *Opgave 4.1* de standaarddeviatie (St. Dev) van de levertijden, één cijfer nauwkeurig. (Antwoord eerste artikel: 2,5.)
4. Toon in kolom H van werkblad *Opgave 4.1* de servicegraad van het artikel als percentage, één cijfer nauwkeurig. Aanwijzing: maak nu gebruik van de gegevens over de ABC-artikelen uit de tweede matrix F2:G5 in werkblad *Leverancier 4.1*. (Antwoord eerste artikel: 99,5%.)
5. Toon in kolom I van werkblad *Opgave 4.1* de inkoopwaarde van de artikelen op voorraad (inkoopprijs × voorraad). (Antwoord eerste artikel: 267500.)
6. Toon in kolom J, van werkblad *Opgave 4.1*, de margepercentages (winstopslag%) op de artikelen. Toon de marges als percentages. (Antwoord eerste artikel: 90%.)
7. Toon in kolom K van werkblad *Opgave 4.1* de (bruto)winst van de artikelen op voorraad (marge% × inkoopwaarde). (Antwoord eerste artikel: 240750.)
8. Bepaal in kolom L van werkblad *Opgave 4.1* de verkoopwaarde van de artikelen op voorraad (inkoopwaarde + (bruto)winst). (Antwoord eerste artikel: 508250.)
9. Bepaal in kolom M van werkblad *Opgave 4.1*, zonder hulpkolommen J t/m L, opnieuw in één keer de verkoopwaarde. Aanwijzing: eerst opnieuw de opslagmarge van het artikel bepalen in kolom M. Hierna kan in de formulebalk direct verder worden gerekend.

> **Opmerking**
> - In stap 3 staat standaarddeviatie. De uitleg valt buiten het bestek van dit boek, maar het is een waarde die iets zegt over de afwijking van de getallen ten opzichte van het gemiddelde van de getallen. Is de standaarddeviatie van de levertijd klein, ten opzichte van het gemiddelde levertijd, dan is de verwachting dat de goederen rondom de gemiddelde levertijd binnenkomen. De standaarddeviatie kan bepaald worden met de functie *STDEV.S()* of *STDEV.P()*. Bij *.S* wordt een schatting van de standaarddeviatie genomen uit een steekproef, bij *.P* wordt de standaarddeviatie genomen uit de volledige populatie.

> - In werkblad *Leverancier 4.1* zijn de kolomteksten (kopteksten) in twee regels afgedrukt. Dat is te realiseren via *Celeigenschappen* (rechtermuisknop), tabblad *Uitlijning*, vinkje bij *Terugloop*. De rijhoogte moet dan wel aangepast worden, door tussen de rijnummers te slepen. In het tabblad *Uitlijning* is de koptekst, onder het kopje *Stand*, ook schuin te plaatsen op geheel verticaal. Schuin is overigens niet aan te bevelen, verticaal wel, omdat het anders onduidelijk wordt.

4.2 Verticaal zoeken in bereik

Tot nu toe heb je binnen verticaal zoeken naar de exacte waarde gezocht, vierde argument *Onwaar*. Maar er kan ook in een bereik worden gezocht, het vierde argument is dan *Waar*. Die mogelijkheid komt ook vaak voor. Dit wordt toegelicht door voorbeeld 4.1 uit te breiden.
Er is een filmpje bij dit onderwerp: 4-2 Verticaal zoeken in bereik.

Voorbeeld 4.2

1. Open bestand *Voorbeelden 4.xlsx* en selecteer werkblad *Voorbeeld 4.2*.
   Naast handling fee is er stagelt per dag per container (demurrage) voor de containers op het terrein van Transload. Hiervoor geldt een staffeltarief, zie figuur 4.2. Het bedrag geldt voor de gehele periode, dus acht dagen staan op het terrein van Transload kost € 680,00 per container. De zoekwaarde is nu niet het containertype, maar het aantal dagen dat de container op het terrein van Transload heeft gestaan. Voor het eerste containertype is dat zeven dagen. Een tabel zoals in figuur 4.2 moet in Excel op een andere manier worden ingevoerd. In werkblad *Parameters 4.2* is de tabel in Excel ingevoerd, zie figuur 4.3. Het aantal dagen van de staffels staat dus onder elkaar (alleen de eerste waarden staan onder elkaar). Via verticaal zoeken is het stagelt te bepalen, vierde argument moet dan *Waar* zijn. Er wordt opnieuw altijd in de eerste kolom van de basistabel (matrix) gezocht. Maar de waarde die wordt gezocht is nu niet exact. Het zoekproces in de eerste kolom werkt op de volgende manier. Het aantal dagen dat een container op het terrein staat (7 voor het eerste containertype) wordt gezocht. Er wordt van boven naar beneden, naar de zoekwaarde gezocht *tot* een hogere waarde wordt gevonden. Voor de eerste zoekwaarde 7, wordt gezocht *tot* 11 (niet tot en met), dus het zoekproces stopt bij de rij met 3 dagen. De bijbehorende demurrage van € 85,00 per dag staat in de tweede kolom. Voor het tweede containertype, 2 dagen, wordt gezocht *tot* de waarde 3, dus het zoekproces stopt bij 1 dag. De bijbehorende demurrage is € 0,00. Voor het derde containertype, zoekwaarde 23, wordt gezocht *tot* 36, dus het zoekproces stopt bij 21 dagen. De bijbehorende demurrage is € 110,00 per dag.
   In de laatste rij is een hoge waarde ingevoerd, zodat bij getallen vanaf 36 altijd de voorlaatste rij wordt geselecteerd.

Aantal dagen	Demurrage
1 – 2	€ 0,00
3 – 10	€ 85,00
11 – 20	€ 95,00
21 – 35	€ 110,00
36 –	€ 120,00

Figuur 4.2

Dagen	Demurrage
1	€ 0,00
3	€ 85,00
11	€ 95,00
21	€ 110,00
36	€ 120,00
9999	

Figuur 4.3

2. Selecteer cel G6 in werkblad *Voorbeeld 4.2* en activeer het argumentenvenster van de functie VERT.ZOEKEN().
3. Selecteer bij argument *Zoekwaarde* cel F6. Het aantal dagen (7) moet opgezocht worden in de demurragetabel (matrix), zie figuur 4.4.

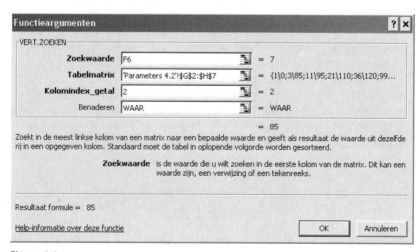

Figuur 4.4

4. Selecteer bij argument *Tabelmatrix* in werkblad *Parameters 4.2* de *volledige* basistabel (matrix) van de demurrage, exclusief kopregel, dus cellen G2:H7. Maak die cellen direct absoluut, via de toets F4.
5. In het derde argument *Kolomindex_getal* de waarde **2** invoeren, de tweede kolom van de matrix wordt teruggegeven, de demurrage.
6. Bij het vierde argument *Benaderen* moet nu **Waar** worden ingevoerd, er wordt *niet* exact gezocht.

7. De demurrage wordt getoond, 85. De demurrage is per dag per container, dus het moet nog vermenigvuldigd worden met het aantal dagen en aantal containers. Plaats de muiswijzer achter de functie in de formulebalk en maak de berekening af, zie figuur 4.5. Totale demurrage is nu 1785. Zorg dat de cel als valuta wordt getoond.
8. Trek de berekening door voor de overige cellen en bereken het subtotaal (Tot. Handling + Tot. Demurrage)

f_x | =VERT.ZOEKEN(F6;'Parameters 4.2'!$G$2:$H$7;2;WAAR)*F6*D6

Figuur 4.5

Een kleine verbetering in het model is nog mogelijk. Het aantal dagen is ingevoerd als getal. Maar een container komt op een bepaalde dag binnen en gaat op een bepaalde weg. Het is mogelijk met die twee datums eenvoudig het aantal dagen te berekenen.

9. Selecteer de gehele kolom F, op de letter F klikken van de kolomnaam, en kies met de rechtermuisknop *Invoegen*. Doe dat nog een keer. Er zijn nu twee kolommen ingevoegd. Merk op dat alle formules nog kloppen!
10. Plaats in cel F5 de tekst *Datum in* en in cel G5 de tekst *Datum uit*. Voer onder de koptekst *Datum in* voor de drie containertypen datum **7-7-2016** in (of kies zelf enige datums). Niet schrikken als je daar ineens grote bedragen krijgt. Dat komt omdat de celeigenschappen op valuta staan en niet op datum. Selecteer de cellen, kies in het lint *Start*, groep *Getal* de keuzelijst en selecteer daarin *Korte datumnotatie*.
11. Voer onder *Datum uit* **12-7-2016**, **9-7-2016** en **20-7-2016** in (of kies zelf enige datums). Ook daar *Korte datumnotatie* kiezen.
12. Selecteer nu cel H6 (Aantal dagen) en voer in **=G6-F6+1**. Door het verschil van twee datums te bepalen krijg je het aantal dagen tussen die twee datums (inclusief schrikkeljaren, jaarovergangen, etc.). Er is 1 bij opgeteld omdat Transload de datum van aankomst en de datum van vertrek meetelt bij de demurrage.
13. Trek het aantal dagen door naar de overige rijen en merk op dat de demurrage direct wordt aangepast.

> **Opmerking**
> - In de basistabel van de demurrage is als laatste een hoog aantal dagen ingevoerd (9999). Dat is niet noodzakelijk, het zoekproces stopt automatisch in de laatste rij van de matrix.
> - Het is handig het werkblad waarin de berekeningen worden gemaakt te scheiden van de basisgegevens. Die basisgegevens zet je dan in een ander werkblad, zoals in dit voorbeeld *Parameters*. Naast de gegevens in dit voorbeeld kun je denken aan btw-percentages, interestpercentages en andere standaardwaarden. Door het veranderen van bijvoorbeeld het rentepercentage in het 'parameterblad' wordt die nieuwe waarde direct in alle andere cellen van het 'rekenblad' aangepast.

> - In stap 10 ontstond een groot bedrag toen een datum werd ingetoetst. Het celtype was *Valuta* (of *Getal* of *Standaard*). Dat komt omdat achter de schermen een datum als een getal wordt opgeslagen. De teller is gaan lopen vanaf 1-1-1900, dus die datum heeft de waarde 1; 2-1-1990 heeft de waarde 2 etc. Alle dagen zijn zo doorgeteld, inclusief schrikkeldagen. Zo heeft datum 1-3-2016 achter de schermen de waarde 42430. Zoveel dagen zijn dus verlopen sinds 1-1-1990. Daarom kan met datums eenvoudig gerekend worden. Twee datums aftrekken zoals in ons voorbeeld of een datum +28. Je krijgt dan een nieuwe datum, precies vier weken later. Handig om bijvoorbeeld de uiterste betaaldatum te tonen. Het getal achter een datum is zichtbaar te maken door het type van de cel te veranderen in een getaltype.

Opgave 4.2

1. Open bestand *Opgaven 4.xlsx* en selecteer werkblad *Opgave 4.2*.
   Een zorgverzekeraar stelt de premie afhankelijk van de leeftijd. Er is een basispremie van € 975,00 per jaar en daarbovenop komt een toeslag.

18 – 25 jaar:	€ 0,00
26 – 30 jaar:	€ 50,00
31 – 40 jaar:	€ 130,00
41 – 55 jaar:	€ 225,00
56 – 65 jaar:	€ 275,00
66 – jaar:	€ 310,00

2. Maak in werkblad *Premies 4.2* de leeftijdstabel in Excel, zie figuur 4.2/4.3 voor de vertaling van deze tabel naar Excel.
3. In werkblad *Opgave 4.2*, moet in *Premie per jaar* de totale jaarpremie worden getoond. (Antwoord: eerste twee regels € 1105,00 en € 975,00.)

> **Opmerking**
> In deze opgave is de leeftijd bepaald met de functie DATUMVERSCHIL(). Die bepaald het verschil tussen twee datums in jaren, maanden of dagen. De functie heeft drie argumenten; de eerste twee zijn datums en de derde is een argument voor de tijdseenheid ("y" voor jaren, "m" voor maanden en "d" voor dagen). Voor het aantal dagen verschil is deze functie overigens niet nodig, trek de twee datums gewoon van elkaar af. De eerste datum moet eerder in de tijd liggen, anders ontstaat een foutmelding (negatieve waarde). Met deze functie kun je bijvoorbeeld ook het aantal dienstjaren van een werknemer bepalen. Merkwaardig genoeg meldt Excel (Microsoft) niets over deze functie, ook niet bij de helpfunctie. De functie moet daarom volledig ingetypt worden, hij komt dus niet voor in de keuzelijst na het invoeren van de eerste letters van de functie!

4.3 Horizontaal zoeken

Tot nu toe heb je verticaal gezocht, maar als de gegevens horizontaal staan, moet je horizontaal zoeken. Dat kan met de functie =HORIZ.ZOEKEN(). De functie werkt precies hetzelfde, alleen wordt horizontaal gezocht. Dit wordt toegelicht in een voorbeeld.

Voorbeeld 4.3

1. Open bestand *Voorbeelden 4.xlsx* en selecteer werkblad *Voorbeeld 4.3*.
   Hierin staat een aantal artikelen met de kwartaalafzet en ABC-waarde voor het artikel. Per artikel moet de servicegraad getoond worden en de bijbehorende z-waarde. De z-waarde wordt bij normaalverdelingen toegepast. De servicegraden staan in werkblad *Service 4.3*. De bijbehorende z-waarden worden eerst bepaald met de functie *NORM.S.INV()*.
2. Selecteer in werkblad *Service 4.3* cel C5 en voer de volgende formule in **=NORM.S.INV(C4)**. De z-waarde behorende bij 99,5% is nu bepaald (2,575829).
3. Trek de functie door voor de andere servicegraden, zodat de bijbehorende z-waarden worden bepaald. Bij 80% is de z-waarde 0,841621. Merk op dat er nu drie rijen zijn: artikel, servicegraad en z-waarde.
4. Selecteer in werkblad *Voorbeeld 4.3* cel E2 en activeer het argumentenvenster van de functie =HORIZ.ZOEKEN(), zie figuur 4.6.

Figuur 4.6

5. De servicegraad is afhankelijk van de ABC-waarde, dus voor het eerste artikel zoeken op de waarde C (cel D2). Kies bij *Zoekwaarde* cel D2 en bij *Tabelmatrix* in werkblad *Service 4.3* de cellen C3:F5 en druk op de toets F4 (absoluut maken). Merk op dat de kolomteksten bij verticaal zoeken niet geselecteerd worden en bij horizontaal zoeken de rijteksten dus niet worden geselecteerd.
6. Voer bij *Rij-index_getal* de waarde **2** in (tweede rij in de geselecteerde matrix; in de eerste rij wordt altijd gezocht) en bij *Benaderen* **Onwaar** (exact zoeken; in mijn versie

van Excel staat daar *Bereik*, maar dat is een foutje). De servicegraad voor het eerste artikel is 0,95.
7. Verander de notatie van de servicegraad in procenten met één cijfer nauwkeurig. Kopieer vervolgens met de vulgreep de functie naar de andere artikelen.
8. Voor de kolom *z-waarde* in werkblad *Voorbeeld 4.3* kan dezelfde functie worden gebruikt met dezelfde argumenten, alleen het *Rij-index_getal* krijgt de waarde 3 (derde rij uit de tabelmatrix). Toon de z-waarden met zes cijfers achter de komma. De z-waarde voor het eerste artikel is 1,644854.

> **Opmerking**
> Aan het einde van dit hoofdstuk worden voor de liefhebbers nog twee voorbeelden gemaakt. Een waarin zowel verticaal als horizontaal wordt gezocht, om zo een waarde uit een gegevenstabel te halen. Ten slotte wordt de staffel van de demurrage uit op *Voorbeeld 4.2* verbeterd, als je bijvoorbeeld twaalf dagen zou staan, zijn de eerste twee dagen gratis, dan acht dagen € 85,00 en de laatste twee dagen € 95,00 per dag per container.

Titels blokkeren
Indien je meer artikelen hebt dan het aantal rijen op het scherm, verdwijnt bij het scrollen naar beneden de kopregel artikelnummer, omschrijving uit werkblad *Voorbeeld 4.3* van het scherm. Om dat te voorkomen kun je de rijen (en/of kolommen) blokkeren. Ze blijven dan altijd in het scherm zichtbaar.
Selecteer in werkblad *Voorbeeld 4.3* cel C2. Kies vervolgens in het lint *Beeld*, groep *Venster, Blokkeren, Titels blokkeren*. Scroll nu eens naar beneden of naar rechts en kijk wat er gebeurt. De cel die je selecteert, bepaalt welke kolommen en rijen 'bevriezen'. Bij het selecteren van cel C2 zullen de kolommen vóór kolom C (A en B) bevriezen en alle rijen vóór rij 2 (rij 1).
De andere twee opties spreken voor zich. Opheffen gaat op dezelfde manier, maar kies dan *Titelblokkering opheffen*.

4.4 Frequentietabel

Het kan wenselijk zijn een reeks waarden in klassen (categorieën) in te delen. Bijvoorbeeld Port of Rotterdam wil per jaar weten hoeveel schepen tussen 40-50 meter, 50-60 meter, 60-70 meter, etc. de haven hebben aangedaan. Een productiebedrijf wil aan het einde van het jaar weten hoeveel dagen er tussen 100-110 eenheden, 110-120 eenheden, etc. zijn geproduceerd. De NS moet aan de overheid doorgeven hoeveel treinen tussen de 0-5 minuten, 5-7 minuten, etc. te laat zijn vertrokken. Daar worden ze op afgerekend. Ze kunnen worden gebruikt als KPI's, kritische prestatie-indicatoren. Een tabel met die gegevens wordt een frequentietabel genoemd. Die kan in Excel worden gemaakt met de functie =INTERVAL(). De functie *INTERVAL()* is een zogenaamde matrixfunctie en vereist extra acties. Met een voorbeeld wordt dit toegelicht.

Hoofdstuk 4 – Zoeken

▬ Voorbeeld 4.4

1. Open bestand *Voorbeelden 4.xlsx* en selecteer werkblad *Voorbeeld 4.4*
   In de haven van Rotterdam (Port of Rotterdam) worden schepen ingedeeld in lengteklassen. Men wil weten hoeveel schepen er de afgelopen periode in een bepaalde klasse zijn verschenen in de Rotterdamse haven. Op basis van een klasse wordt havengeld geïnd. Op die manier kan bijvoorbeeld gekeken worden aan welke klasse het meest wordt verdiend. De volgende klassen (lengte schip) worden aangehouden:
   11 – 20 meter
   21 – 30 meter
   31 – 40 meter
   ...
   391 – 400 meter

Klassen	Aantal
10	0
20	5
30	3
40	1
50	2
60	3

Figuur 4.7

In Excel worden de klassengrenzen onder elkaar weergegeven, zie figuur 4.7. Je moet dit lezen als: t/m 10 meter (0 meter t/m 10 meter) zijn geen schepen binnengekomen. Vanaf 11 meter (groter dan 10 meter) t/m 20 meter zijn vijf schepen binnengekomen. Vanaf 21 meter t/m 30 meter zijn drie schepen binnengekomen. Aangezien Port of Rotterdam schepen telt vanaf 11 meter, is de eerste waarde in de tabel (matrix) altijd 0. Een dergelijke tabel met klassen en aantallen noemt men een frequentietabel.

> **Opmerking**
> De indeling van de tabel ten opzichte van verticaal en horizontaal zoeken is anders.

2. Selecteer eerst het gebied waar de tellingen (frequenties) moeten komen, F3:F42. Let op: vóóraf selecteren waar de antwoorden komen is noodzakelijk bij de functie INTERVAL(), anders werkt de functie niet. Je krijgt dan wel antwoorden, maar die zijn niet goed!
3. Activeer het argumentenvenster van de functie =INTERVAL(), zie figuur 4.8.
4. Selecteer in argument *Gegevensmatrix* alle schepen die op de genoemde dagen de haven hebben aangedaan, cellen A3:C34.
5. Selecteer in argument *Interval_verw* alle klassen, E3:E42. Druk nog níét op OK of Enter!

6. Houd Ctrl + Shift-toets ingedrukt en klik dan op *OK* of geef een Enter. Nu moet de vooraf geselecteerde kolom gevuld zijn. Als het goed is uitgevoerd, staan om de formule nu accolades {}, zie figuur 4.9. De eerste waarden moeten overeenkomen met figuur 4.7.

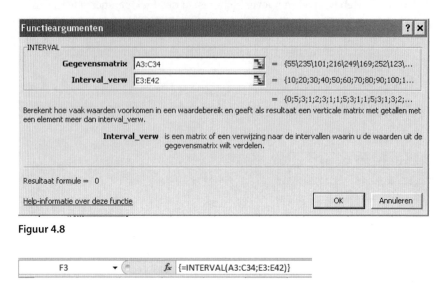

Figuur 4.8

Figuur 4.9

Opmerking
- Als je de meetwaarden wijzigt, wordt ook de frequentietabel direct aangepast.
- De functie *INTERVAL()* is een zogenaamde matrixfunctie, de enige die in dit boek wordt gebruikt. Matrixfuncties hebben een andere manier van opbouwen en afsluiten. Eerst het gebied selecteren, dan de functie invoeren en afsluiten met de Ctrl + Shift-toets ingedrukt.
- De lengte van de kolommen waarin de gegevens staan (A3:C34) zijn in het voorbeeld alle drie gelijk. Indien kolommen ongelijk lengte hebben, kies dan het grootste bereik, lege cellen worden namelijk niet meegeteld.
- Het indrukken van Ctrl-Shift van de functie *INTERVAL()* kan een neveneffect hebben. De toetsenbordlay-out kan veranderen, bijvoorbeeld de = wordt ineens een *. Dat is weer goed te krijgen door Ctrl-Shift.

Getallenreeks maken

De klassen in *Voorbeeld 4.4* zijn niet handmatig ingevoerd. Als de klassenbreedte (verschil) tussen de klassen even groot is, in het voorbeeld iedere keer een verschil van tien meter, is er in Excel een handig trucje. Voer de eerste twee getallen in 10 en 20 en selecteer daarna beide cellen. Sleep vervolgens via de vulgreep de getallen naar beneden, de getallen 30, 40, etc. verschijnen. Probeer het ook eens met twee andere getallen, bijvoorbeeld 3 en 8. Verschil is 5, dus 13, 18, etc. moet verschijnen. Probeer het ook eens met twee datums, bijvoorbeeld 31-3-2016 en 30-6-2016.

Excel heeft ook een aantal standaardlijstjes. Voer maar eens Maandag in en kopieer de waarde via de vulgreep. De tekst Dinsdag, Woensdag, etc. verschijnt. Zelfs hoofd- en kleine letters maken uit. Probeer ook eens Januari. Indien je vaak een specifiek standaardlijstje nodig hebt, kun je die zelf in Excel maken. Kies *Bestand*, *Opties*, *Geavanceerd*, kopje *Algemeen*, knop *Aangepaste lijsten bewerken*.

Opgave 4.3
1. Open bestand *Opgaven 4.xlsx* en selecteer werkblad *Opgave 4.3*.
   TNT wil de frequenties van volumerijke transportladingen (max. 20 m^3) in kaart brengen. Volumes tot en met 2,5 m^3 vallen onder de pakketdienst. Ze willen hun verdienmodel optimaliseren en onderzoeken in welke klasse de meeste volumerijke ladingen zitten. De ladingen zijn de afgelopen dagen gemeten. De volgende klassen zijn bepaald:
   2,6 – 5 m^3
   5,1 – 7,5 m^3
   7,6 – 10 m^3
   10,1 – 15 m^3
   15,1 – 20 m^3
2. Maak deze frequentieklassen vanaf cel E2, zie de tekst bij figuur 4.7.
3. Maak drie frequentieverdelingen. Eén van iedere dag en één van het totaal aantal dagen. Indien de uitkomsten niet kloppen, zie stap 2 van *Voorbeeld 4.4*. (Antwoord: eerste en tweede klasse levert voor de eerste datum de waarden 2 en 4 en voor de tweede datum de waarden 1 en 3.)

De volgende voorbeelden zijn alleen voor de liefhebbers!

▰▰▰ Voorbeeld 4.5

1. Open bestand *Voorbeelden 4.xlsx* en selecteer werkblad *Voorbeeld 4.5*.
   Een onderzoeksbureau houdt allerlei gegevens bij. Als een klant informatie wil hebben kan dat opgezocht worden. In dit voorbeeld kan het bedrag aan opcenten van motorrijtuigenbelasting worden opgevraagd door het gewenste jaar in te voeren en de provincie. In de basistabel (matrix), werkblad *Belasting 4.5*, kan op basis van het jaartal en de provincie(code) het bedrag (de opcenten) worden opgezocht. Op het snijpunt van een kolom en rij staat de gezochte waarde. Er moet dus horizontaal (jaar) gezocht worden voor de kolom en verticaal (provincie) voor de rij. Er is een hulprij gemaakt in de basistabel, de rij onder de jaartallen. Daar staat 2 t/m 14, dat is het kolomnummer dat ingevoerd moet worden bij verticaal zoeken op provincie. In die kolom (nummer) is het antwoord te vinden. Er wordt begonnen in kolom 2, aangezien in kolom 1 (provincie) wordt gezocht. Bij de gevonden provincie, vul je in het argument *Kolomindex_getal* het nummer in dat eerder met horizontaal zoeken is bepaald. Je bepaalt eerst in een hulpcel, cel C5, het kolomnummer behorende bij het jaartal.

2. Selecteer in werkblad *Voorbeeld 4.5* cel C5 (hulpcel) en activeer het argumentenvenster van de functie HORIZ.ZOEKEN(). Zoek op basis van het ingevoerde jaartal, in werkblad *Belasting 4.5*, de kolomindex, zie figuur 4.10. Bij het jaar 2013 wordt kolomindex 12 gevonden. In de twaalfde kolom staat de gezochte waarde. Als je in de volgende opdracht de provincie zoekt (kolom 1) om de rij te bepalen, zit in kolom 12 de gezochte waarde uit de basistabel.

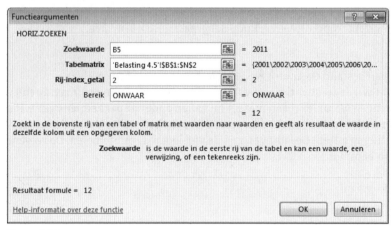

Figuur 4.10

3. Selecteer cel B7 en activeer het argumentenvenster van de functie VERT.ZOEKEN(). Zoek op basis van provincie (code) in werkblad *Belasting 4.5* naar de provincie. De basistabel (matrix) is A3:N14 en selecteer bij het argument *Kolomindex_getal* de waarde in uit stap 2 (12), zie figuur 4.11. Voor provincie ZH zijn de opcenten € 95,00 in het jaar 2013.
Het is zelfs mogelijk dit zonder de hulpcel C5 te doen. In de functie van verticaal zoeken, kan bij het argument *Kolomindex_getal* de functie HORIZ.ZOEKEN() worden opgeroepen via de keuzelijst van de formulebalk, zie eventueel figuur 3.6. De argumenten in de functie HORIZ.ZOEKEN() zijn hetzelfde als in stap 2.

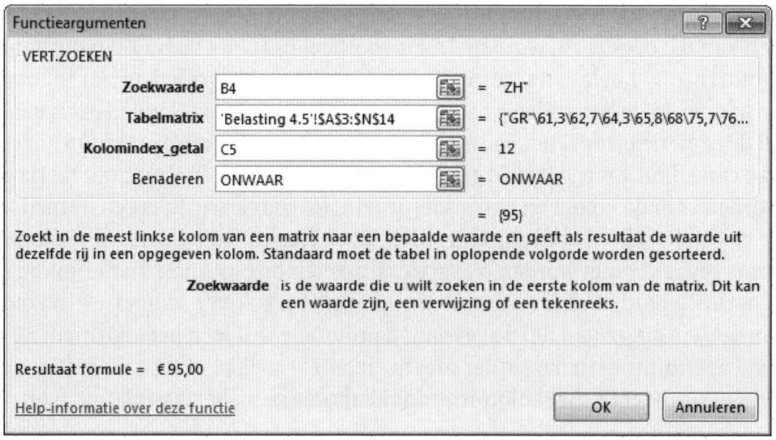

Figuur 4.11

Opgave 4.4
1. Open bestand *Opgaven 4.xlsx* en selecteer werkblad *Opgave 4.4*.
   Bij een onderneming in pakketafhandeling wordt het tarief voor het verzenden van een pakket bepaald op basis van het gewicht en op basis van de service. De bovengrenzen van de gewichtsklassen zijn: t/m 2kg, t/m 5kg, t/m 10kg, t/m 20kg en t/m 30kg. De services zijn pakket, aangetekend, verzekerservice en betaalservice. Het maximale gewicht dat ze afhandelen is 30kg.
   De tarieven op basis van gewicht en service zijn te vinden in werkblad *Pakkettarieven*.
2. Bepaal in cel D3 (hulpcel) van werkblad *Opgave 4.4* op basis van het gewicht van het pakket de gewenste kolomindex. Aanwijzing: er dient in een bereik gezocht te worden in werkblad *Pakkettarief*. (Antwoord: een gewicht van 18kg heeft kolomindex 5.)
3. Bepaal in cel B5 het tarief voor de verzending op basis van de gekozen service en de hulpcel uit stap 2. (Antwoord: een gewicht van 18kg dat aangetekend wordt verzonden kost € 11,80.)
   Bij de service is een keuzelijst toegepast. Het maken van zo'n keuzelijst wordt in paragraaf 8.2 toegelicht.

▰▰▰ Voorbeeld 4.6

1. Open bestand *Voorbeelden 4.xlsx* en selecteer werkblad *Voorbeeld 4.6*.
   In *Voorbeeld 4.2* is het stageld per dag per container, demurrage, uitgerekend via de tabel van figuur 4.2. In dat voorbeeld is berekend, dat bijvoorbeeld drie dagen stageld per container, 3 × € 85,00 = € 255,00 kost. Maar eigenlijk zijn de eerste twee dagen gratis en is het stageld maar € 85,00 per container. Kun je deze staffel inbouwen? Ja, maar is het is niet eenvoudig.
   Selecteer werkblad *Demurrage 4.6*. Er is een extra kolom gemaakt waarin de cumulatieve demurrage staat. De cumulatieve demurrage achter 21 dagen is het bedrag dat betaald moet worden t/m 20 dagen. Zou je bijvoorbeeld 23 dagen staan, dan betaal je eerst € 1630,00 over de eerste 20 dagen en nog drie dagen een stageld van € 110,00. Totaal 1630 + 3 × 110 = € 1960,00 per container. Alle informatie staat in de rij van 21 dagen. Die rij wordt gevonden als je verticaal zoekt op het getal 23 (aantal stadagen). Het bedrag € 1630,00 staat in de derde kolom (*Kolomindex_getal 3*). Het aantal dagen in het hogere tarief (3) is te berekenen via (23-21+1). 23 is ingevoerd (stadagen), 21 staat in de eerste kolom van de gevonden rij (*Kolomindex_getal 1*) en dan altijd het getal 1 erbij optellen. Het bedrag € 110,00 staat in de gevonden rij in kolom 2 (*Kolomindex_getal 2*). In totaal dus driemaal verticaal zoeken. Hiervoor worden drie hulpcellen gebruikt.
2. Eerst wordt de cumulatieve demurrage (stageld) bepaald. Selecteer (hulp)cel E2 en open het argumentenvenster van de functie VERT.ZOEKEN(). Het aantal dagen dat de container op het terrein staat, cel B1, is de zoekwaarde. Die wordt gezocht in de matrix A2:C7 van werkblad *Demurrage*. De cumulatieve demurrage staat in de derde kolom van de matrix en er wordt in een bereik (*Waar*) gezocht. (Antwoord: bij 23 dagen € 1.630,00.)
3. De grenswaarde van de cumulatieve demurrage bepalen. Vanaf die dag zit men in het hoogste tarief. Selecteer (hulp)cel F2 en open het argumentenvenster van de

functie VERT.ZOEKEN(). Voer dezelfde waarden in uit stap 2, behalve de kolomindex, die is nu 1. (Antwoord: bij 23 dagen is de grenswaarde 21.)
4. Nu het hoogste demurragebedrag bepalen. Selecteer (hulp)cel G2 en open het argumentenvenster van de functie VERT.ZOEKEN(). Voer dezelfde waarden in uit stap 2, behalve de kolomindex, die is nu 2. (Antwoord: bij 23 dagen is de demurrage € 110,00.)
5. De berekening van de totale demurrage kan nu gemaakt worden met de formule die in stap 1 staat. Selecteer cel B2 en voer de berekening in: **=E2+(B1-F2+1)*G2**. (Antwoord: bij 23 dagen is de totale demurrage € 1960,00.)

Opgave 4.5
1. Open bestand *Opgaven 4.xlsx* en selecteer werkblad *Opgave 4.5*.
De ouderenbond wenst de loonbelasting voor AOW'ers te berekenen. Vanaf de AOW-leeftijd zijn er vier belastingschijven. Er geldt t/m € 19.882,00 een tarief van 18,6%, over het meerdere t/m € 33.589,00 een tarief van 24,1%, over het meerdere t/m € 57.585,00 een tarief van 42,0%, over het meerdere geldt als laatste een tarief van 52,0%. In werkblad *Belastingtarief* zijn deze schalen en de cumulatieve belasting al gemaakt.
Op basis van het bruto jaarloon moet de loonbelasting bepaald worden.
2. Bepaal eerst in hulpcel D2 het hoogste belastingpercentage dat betaald moet worden. (Antwoord: bij een brutoloon van € 34.558,00: 42%.)
3. Bepaal in hulpcel E2 de cumulatieve loonbelasting van de vorige schalen. (Antwoord: bij een brutoloon van € 34.558,00: € 7.001,44.)
4. Bepaal in hulpcel F2 de ondergrens van de hoogste schaal waarin je belasting moet betalen. (Antwoord: bij een brutoloon van € 34.558,00: € 33.590,00.)
5. Bereken in cel B2 met behulp van de drie hulpcellen de loonbelasting. (Antwoord: bij een brutoloon van € 34.558,00: € 7.408,42.)

Hoofdstuk 5
Grafieken en voorspellen

In dit hoofdstuk wordt uitgelegd hoe je een grafiek in Excel kunt maken, waarbij verschillende typen grafieken worden toegelicht. Verder wordt voorspellen (forecasten) uiteengezet. Als je gegevens hebt over een bepaalde periode, kun je voorspellen wat toekomstige waarden zijn. Ten slotte komen minigrafieken (sparklines) in een cel aan de orde.
In dit hoofdstuk treedt een aantal kleine verschillen op tussen Office 2013 en voorgaande versies van Office. In de tekst wordt dat kenbaar gemaakt.

5.1 Grafieken

Gegevens worden vaak in tabellen weergegeven, zie bijvoorbeeld hieronder de gegevens van juwelier Lucardi van 2008 tot en met 2015:

Omzet/jaar	2008	2009	2010	2011	2012	2013	2014	2015
Omzet (x € 1000)	780	860	1010	980	1180	1430	1500	1300

Naast in tabellen worden gegevens vaak in grafieken weergegeven. Een plaatje zegt meer dan duizend woorden. Er bestaan vele grafiekvormen, zoals lijndiagrammen, kolomdiagrammen en cirkeldiagrammen. Voor het in de tijd weergeven van bijvoorbeeld omzetcijfers zijn kolomdiagrammen en lijndiagrammen de meest geschikte grafiekvormen. Voor percentages wordt vaak een cirkeldiagram getekend. De meeste grafiektypen hebben een verticale as (y-as) en een horizontale as (x-as). Sommige grafiektypen hebben dat niet, bijvoorbeeld een cirkeldiagram.
Met Excel kun je al deze grafieken maken. Een aantal voorbeelden wordt uitgewerkt om daarmee te oefenen.
Er is een filmpje bij dit onderwerp beschikbaar: 5 Grafieken.

Voorbeeld 5.1

1. Open bestand *Voorbeelden 5.xlsx* en selecteer werkblad *Voorbeeld 5.1*.

> **Tip**
> De cellen hebben donkere lijnen. Die kun je verwijderen door de cellen te selecteren en dan via het lint *Start*, groep *Bewerken*, *Wissen*, *Opmaak wissen*. De lijnen zijn ook te wijzigen (of te verwijderen) via het lint *Start*, groep *Lettertype*, selecteer het pijltje bij *Randen*.

2. Selecteer de *gegevens* die je in de verticale as (y-as) wilt zien, de omzetten, cellen B2:I2.

> **Opmerking**
> Bij een grafiek met een horizontale en verticale as, altijd eerst de verticale as (y-as) selecteren en later de horizontale as (x-as), zie stap 4.

3. Kies in het lint *Invoegen*, groep *Grafieken*, *Kolom- of staafdiagram invoegen* (versie 2013: *Kolomdiagram invoegen*) en kies de eerste optie. De grafiek wordt direct getoond en twee extra linten (tabbladen) komen beschikbaar, *Hulpmiddelen voor grafieken*, zie figuur 5.1. De tekst *Hulpmiddelen voor grafieken* wordt voorzien van een afwijkende kleur zodat die goed herkenbaar is. Precies onder de afwijkende kleur staan de twee extra (grafiek)linten *Ontwerpen en Indeling*. Deze twee linten komen iedere keer beschikbaar, zodra een grafiek wordt geselecteerd.

Figuur 5.1

4. Je hebt nog geen horizontale as (x-as) aangegeven, standaard wordt dan 1, 2, 3 etc. weergegeven. Selecteer met de rechtermuisknop de grafiek en kies voor *Gegevens selecteren*, zie figuur 5.2. Klik op *Bewerken* onder *Horizontale aslabels* (x-as). Selecteer de gewenste gegevens voor de horizontale as, B1:I1 en klik op *OK*.

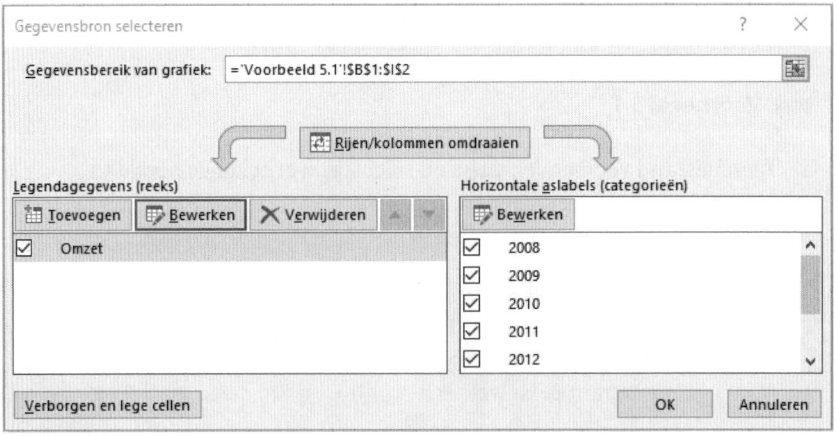

Figuur 5.2

5. De legenda van de verticale as (y-as) kun je ook aanpassen, klik op *Bewerken* onder *Legendagegevens (reeks)* en zet bij reeksnaam *Omzet*. De gegevens van de verticale as kunnen in dit venster ook aangepast worden. De verticale gegevens (reeks) hebben nu een naam gekregen, die als legenda in de grafiek wordt getoond. Ook een grafiektitel wordt automatisch aangemaakt.
6. De assen krijgen titels. Selecteer de grafiek en klik op het grote +-symbool rechts van de grafiek, alle grafiekelementen worden getoond. Plaats een vinkje bij *Astitels*. Via het zwarte driehoekje achter *Astitels* kun je zien dat direct de primaire horizontale en verticale astitel zijn geselecteerd, zie figuur 5.3.

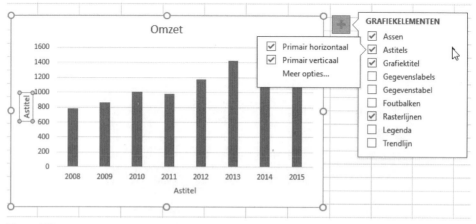

Figuur 5.3

7. Verander de verticale astitel in **Omzet (x 1000)** en de horizontale astitel in **Jaar**.
8. Verander grafiektitel van *Omzet* naar *Omzet Lucardi juwelier*. De grafiek moet er ongeveer uitzien zoals in figuur 5.4.
9. Verander de grafiekstijl, via lint *Ontwerpen*, groep *Grafiekstijlen*, zodat de grafiek wordt getoond zoals in figuur 5.5.
   Indien nodig kan een eenmaal gekozen grafiektype omgezet worden naar een ander grafiektype. Ook kan een grafiek in een ander werkblad worden weergegeven.
10. Selecteer de grafiek. Kies in het lint *Ontwerpen*, groep *Type, Ander grafiektype*, voor *Lijn* grafiek. Toon hierna de grafiek weer als kolomdiagram.
11. Selecteer de grafiek. Kies in het lint *Ontwerpen*, groep *Locatie, Grafiek verplaatsen*. Plaats de grafiek in een nieuw werkblad. Plaats hierna de grafiek weer terug in werkblad *Voorbeeld 5.1*, via *Object in*.

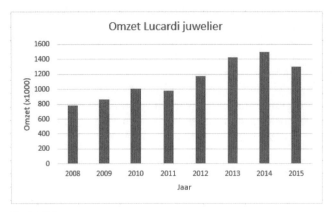

Figuur 5.4

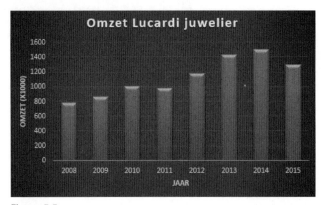

Figuur 5.5

Opgave 5.1

1. Open bestand *Opgaven 5.xlsx* en selecteer werkblad *Opgave 5.1*.
   Bij Lucardi juwelier zijn drie productgroepen te onderscheiden: sieraden, bijoux en horloges. De directie wil graag weten hoe deze productgroepen zich ontwikkeld hebben.
2. Maak op basis van de omzetgegevens per productgroep de grafiek zoals getoond in figuur 5.6. Neem niet de totalen mee, omdat dat de grafiek vertekent. Tip: de gegevens van de verticale-as kunnen in één keer geselecteerd worden. Bepaal daarna de horizontale-as en geef de reeksen daarna een naam (legenda). De legenda kan hierna rechts van de grafiek geplaatst worden via het +-symbool naast de grafiek (driehoekje naast Legenda). Plaats de astitels en een grafiektitel via het +-symbool naast de grafiek.
3. Verander het grafiektype in een *Gestapelde kolom*. Interpreteer de informatie uit de nieuwe grafiek.
4. Geef de grafiek een andere uitstraling, bijvoorbeeld zoals figuur 5.5.
5. Zorg dat de grafiek in een nieuw werkblad wordt geplaatst.

Hoofdstuk 5 – Grafieken en voorspellen

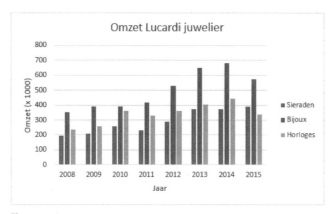

Figuur 5.6

▓▓▓ **Voorbeeld 5.2**

1. Open bestand *Voorbeelden 5.xlsx* en selecteer werkblad *Voorbeeld 5.2*.
   Een grafiek van percentages is meestal een cirkeldiagram (taartdiagram). De gegevens worden dan weergegeven zoals in figuur 5.7.

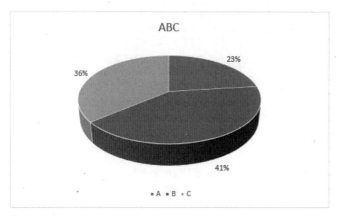

Figuur 5.7

2. Selecteer alleen de percentages en maak een cirkeldiagram, kies de eerste optie (2D-cirkel).
3. Selecteer met de rechtermuisknop de grafiek en kies *Gegevens selecteren*. Bewerk de *Horizontale aslabels* en selecteer de labels in cel A2:A4 (ABC).
4. Bewerk de *Legendagegevens (reeks)* en verander de *Reeksnaam* in ABC.
5. Je kunt de percentages nog in de grafiek krijgen. Selecteer de grafiek en kies via het +-symbool rechts van de grafiek voor *Gegevenslabels, Einde, buitenkant*.
6. Verander het type grafiek in 3D. Selecteer de grafiek en kies in het lint *Ontwerpen* groep *Type, Ander grafiektype* voor 3D-cirkel. Je kunt deze optie ook direct selecteren in stap 2.

7. Selecteer vervolgens met de rechtermuisknop de grafiek en kies *3D draaiing*. Verander de *Y-as* in 30%.

Opgave 5.2
1. Open bestand *Opgaven 5.xlsx* en selecteer werkblad *Opgave 5.2*.
   In 2014 en 2015 is een brancheonderzoek uitgevoerd, waarbij onder ander onderzocht is wat de verschillende juweliers, in hetzelfde segment als *Lucardi*, voor omzet hebben behaald.
2. Bereken voor 2014 en 2015 de percentages van de behaalde omzet ten opzichte van de totale omzet. (Antwoord voor Lucardi: 44,0% en 36,6%).
3. Maak voor de jaren 2014 en 2015 één grafiek (kolomdiagram) waarin de omzetten (absolute getallen) van de verschillende ondernemingen worden getoond. Namen van de ondernemingen op de horizontale as. Zorg zelf voor astitels, een legenda en een grafiektitel, zie figuur 5.8.
4. Verander de grafiekstijl in een aansprekender stijl, zie figuur 5.8.

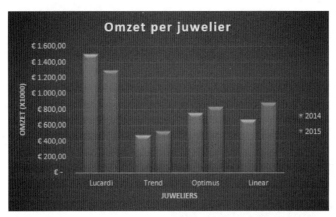

Figuur 5.8

5. Maak voor 2014 een cirkeldiagram in 2D van de relatieve omzetgegevens (percentages). Zorg voor een passende legenda, grafiektitel en percentages binnen de cirkel, zie figuur 5.9.
6. Maak voor 2015 een cirkeldiagram in 3D van de relatieve omzetgegevens. Zorg voor een passende legenda, grafiektitel en percentages buiten de cirkel, zie figuur 5.10.

Hoofdstuk 5 – Grafieken en voorspellen

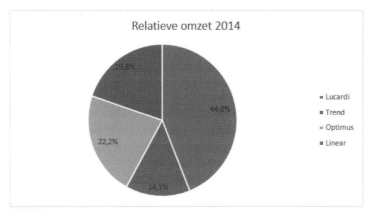

Figuur 5.9

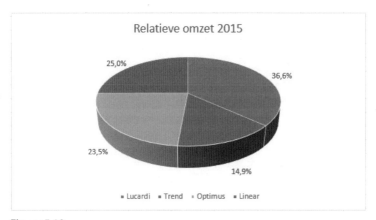

Figuur 5.10

> **Opmerking**
> In opgave 5.2 zijn twee kolommen gemaakt voor de relatieve omzetgegevens (percentages). Die zijn niet noodzakelijk. Selecteer de omzetgegevens van de juweliers over 2014 en maak daarvan een cirkeldiagram. Selecteer de grafiek en kies via het +-symbool rechts van de grafiek voor *Gegevenslabels, Einde, buitenkant*. De absolute waarden worden getoond. Selecteer opnieuw de optie *Gegevenslabels* en kies *Meer opties*. Er verschijnt een venster *Gegevenslabels opmaken*. Bij *Labelopties* staat een vinkje bij *Waarde*. Door een vinkje bij *Percentages* te plaatsen worden ook de percentages getoond. Als je de absolute waarde en relatieve waarde toont kun je het scheidingsteken in dit venster nog bepalen (standaard puntkomma).

▌ Voorbeeld 5.3

1. Open bestand *Voorbeelden 5.xlsx* en selecteer werkblad *Voorbeeld 5.3*.
   In voorgaande hoofdstukken is een ABC-analyse gemaakt in Excel. Die is eigenlijk nog niet compleet. Je hebt bij de afzet de cumulatieve percentages van de afzet, maar niet de cumulatieve percentages van de artikelen die daarbij horen, zie figuur 5.11. Kolom T is nog niet bepaald. Hieruit kun je aflezen dat bijvoorbeeld 51% van de afzet wordt behaald door 10% van het artikelassortiment. Het cumulatieve artikelpercentage wordt toegevoegd en daarna de bekende Pareto-grafiek (ABC-grafiek), zie figuur 5.12.

Q	R	S	T
Cum.afzet	%Cum.afzet	ABC	%Cum.Art.
	0,00%		0,0%
7709	21,59%	A	1,7%
11817	33,10%	A	3,4%
14842	41,57%	A	5,1%
16089	45,06%	A	6,8%
17279	48,40%	A	8,5%
18275	51,18%	A	10,2%
19199	53,77%	A	11,9%
20064	56,20%	A	13,6%
20910	58,56%	A	15,3%
21752	60,92%	A	16,9%
22450	62,88%	A	18,6%
23067	64,61%	A	20,3%

Figuur 5.11

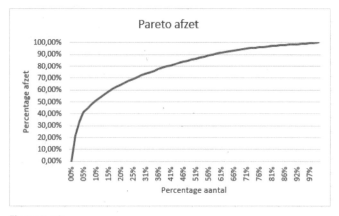

Figuur 5.12

2. Om het cumulatieve artikelpercentage te bepalen moet het aantal artikelen in het assortiment vastgesteld worden. Selecteer cel O64 en bepaal het aantal artikelen, =AANTALARG(O3:O61). (Antwoord: 59, functie AANTAL() kan ook gebruikt worden, je telt nu getallen.)
3. Het percentage van één artikel op het totaal aantal artikelen is 1 gedeeld door het aantal artikelen (59). Selecteer cel T3 en plaats de formule **=1/$O$64**. Maak er een percentage van met één cijfer achter de komma (1,7%).

4. Het tweede artikel is twee keer 1,7%, dus 3,4%. Het derde artikel is 5,1%, dus iedere keer 1,7% erbij. Het laatste artikel is dan precies 100%. Het eerste getal, 1,7%,is dus bepalend. De formule in woorden: de voorgaande cel + (altijd) de eerste cel. Selecteer cel T4 en plaats de formule: **=T3+$T$3**. Trek de cel door naar de overige artikelen (dubbelklikken op de vulgreep). Bekijk de formule in een andere cel, bijvoorbeeld T5, en probeer de formule te begrijpen. In cel T4 is de formule wat lastiger te begrijpen omdat er twee keer T3 staat.
5. Bij een Pareto-grafiek van de afzet, ook wel ABC-grafiek genoemd, staat op de verticale as (y-as) het cumulatieve percentage van de afzet en op de horizontale as (x-as) het cumulatieve percentage van de artikelen. Selecteer cellen R2:R61 (snelle manier: selecteer R2, Ctrl+Shift+↓, zie figuur 1.20).
6. Kies in het lint *Invoegen*, groep *Grafieken*, *Lijn- of vlakdiagram invoegen* (versie 2013: Lijndiagram invoegen), kies de eerste optie.
7. Selecteer via de rechtermuisknop in de grafiek *Gegevens selecteren* en selecteer voor de horizontale as de cellen T2:T61.
8. Verwijder de legenda, plaats passende astitels en een grafiektitel, zie figuur 5.12.
9. Standaard wordt 120% getoond (verticale-as), dat is aan te passen. Selecteer de percentages, rechtermuisknop *As opmaken*, kies bij *Maximum* als waarde **1,0** (= 100%; versie 2013: selecteer bij Maximum eerst de optie Vast).
10. Verander (pimp) de grafiekstijl van de Pareto-grafiek in een aansprekender stijl via het lint *Ontwerpen*, groep *Grafiekstijlen*.
11. Plaats in cellen W3:W5 het aantal A-, B- en C-artikelen (tip: drie maal *AANTAL.ALS()*).
12. Selecteer cellen W3:W5 en maak een 3D-cirkeldiagram, zie figuur 5.13.
13. Zorg voor een legenda (via grafiek selecteren met rechtermuisknop, *Gegevens selecteren, Horizontale aslabels*).
14. Plaats de *Gegevenslabels, Einde, buitenkant* via het +-symbool aan de rechterkant van de grafiek.
15. Selecteer in de grafiek de labels en selecteer met de rechtermuisknop *Gegevenslabels opmaken*. Plaats onder *Labelopties* een vinkje bij *Percentage*. Als je geen absolute getallen wilt zien, vinkje bij *Waarde* verwijderen.
16. Voeg ten slotte een grafiektitel toe.

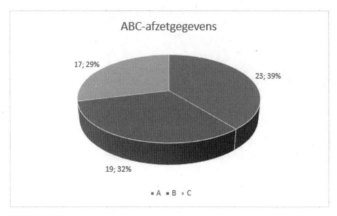

Figuur 5.13

> **Opmerking**
> In de ABC-analyse is bijvoorbeeld te zien dat 80% van de afzet wordt bepaald door 40% van het artikelassortiment. De standaard Pareto-waarde 80/20 geldt in dit assortiment niet. Door deze analyse kan geconcludeerd worden, dat zeer veel artikelen (40%) bijdragen aan 80% van de afzet.

Voorbeeld 5.4

1. Open bestand *Voorbeelden 5.xlsx* en selecteer werkblad *Voorbeeld 5.4*.
   Een webshop heeft per onderwerp het aantal klachten bijgehouden. Een Pareto-grafiek van deze informatie is gewenst. Het is een voorbeeld van een Pareto-grafiek met een tekstkolom en een kolom met getallen.
2. Selecteer de data, cel A3:B10, kies vervolgens in het lint *Invoegen*, groep *Grafieken*, *Statistische grafiek invoegen*, bij Histogram de tweede optie *Pareto* (Excel-versie 2013: niet beschikbaar, zie de opmerking bij dit voorbeeld.)
   Merk op dat in de grafiek (histogram) de aantallen automatisch zijn gesorteerd van groot naar klein, zie figuur 5.14. Bovendien wordt de Pareto-curve getoond die het cumulatieve percentage van de klachten toont. Zie voor een toelichting de opmerking bij dit voorbeeld.
3. De onderwerpen (horizontaal Categorieas) zijn niet volledig zichtbaar in de grafiek (histogram). Selecteer de grafiek en maak de grafiek hoger, zodat de onderwerpen volledig worden getoond.
4. Voeg astitels toe en geef de grafiek een titel. Merk op dat je nu twee verticale astitels hebt, zie figuur 5.14.

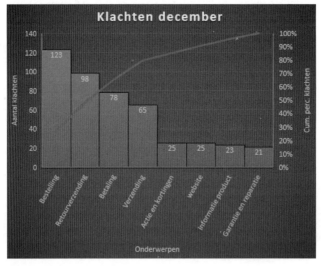

Figuur 5.14

5. Kies via het +-symbool van de grafiek voor *Gegevenslabels, Einde, binnenkant*. Het aantal wordt nu in de kolommen getoond.
6. Verander de grafiekstijl via lint *Ontwerpen*, groep *Grafiekstijlen* (of het kwastje onder het +-symbool van de grafiek), zie figuur 5.14. Merk op dat de linker astitel verdwijnt. Deze is weer toe te voegen door via het +-symbool van de grafiek te kiezen voor *Astitels, Primair verticaal*.

> **Opmerking**
> - Deze grafiekoptie (Pareto) is beschikbaar vanaf Excel 2016. Voor Excel 2013-gebruikers is deze grafiek ook zelf te maken door de gegevens *aflopend* te sorteren op Aantal klachten. Maak een nieuwe kolom met daarin de cumulatieve aantallen. Maak een nieuwe kolom met de cumulatieve percentages van de aantallen. Selecteer vervolgens alleen de onderwerpen en de twee nieuwe kolommen (selecteren met de Ctrl-toets ingedrukt). Kies in het lint *Invoegen*, groep *Grafieken, Kolomdiagram invoegen, Meer kolomdiagrammen, Keuzelijst*. Plaats bij grafiektype *Lijn* een vinkje bij *Secundaire as*.
> - In de Pareto-curve wordt het cumulatieve percentage getoond. Voor het eerste punt in de grafiek is dat 26,9% (123 gedeeld door 458, de som van het aantal klachten). Het tweede punt levert 48,3% (123 + 98, gedeeld door 458).
> - Indien beide kolommen getallen bevatten bij deze Pareto-grafiek, worden de waarden van de eerste kolom in klassen (bins) verdeeld. Het aantal klassen (aantal bins), en daarmee de klassenbreedte (binbreedte), wordt standaard automatisch bepaald. Dat is aan te passen door met de rechtermuisknop de klassen te selecteren (horizontaal Categorieas) en te kiezen voor *As opmaken*.

5.2 Voorspellen / Forecasten

Het kan belangrijk zijn een goed beeld te vormen van wat in de toekomst verwacht kan worden. Bijvoorbeeld toe- en afname van de afzet/omzet, huisverkoopgegevens, productievraag, patiëntenstroom, etc. Excel biedt een aantal handige functies om aan de hand van historische gegevens trends in die gegevens te ontdekken en daar voorspellingen op te maken. Zelfs seizoenspatronen worden in de voorspelling meegenomen. De voorspelde waarden kunnen ook grafisch worden weergegeven. Het eerste voorbeeld is een lineaire voorspelling en het tweede voorbeeld is op basis van de exponentiële vereffeningsmethode (exponential smoothing).

▌ Voorbeeld 5.5

1. Open bestand *Voorbeelden 5.xlsx* en selecteer werkblad *Voorbeeld 5.5*.
   Van bedrijf Q-Life zijn de kwartaalomzetten bekend. Een volgend kwartaalomzet wordt voorspeld (geforecast) en grafisch weergeven. Hierbij wordt uitgegaan van een lineair verband.
2. Selecteer de cel waarvoor je de lineaire forecast wilt bepalen (B16). Kies nu de functie *VOORSPELLEN.LINEAR()* (Excel versie 2013: gebruik functie *TREND()*.) Open het argumentenvenster.
3. Selecteer bij *X* de x-waarde waarvoor de forecast gemaakt moet worden, het kwartaal in cel A16. Selecteer bij *Y-bekend* (Known_ys) alle bekende y-waarden (de bekende omzetten). Selecteer bij *X-bekend* (Known-xs) de bekende x-waarden (bekende kwartalen) tot en met 30-9-2016, zie figuur 5.15. Klik op *OK*, de lineaire forecast voor dat kwartaal is 133,9.
   Merk op dat in mijn versie van de Excel (Nederlands), de argumenten in het Engels worden getoond. Vandaar de vertaling achter de argumenten.

Figuur 5.15

4. De trend is ook zichtbaar te maken. Maak voor de omzetten, exclusief de voorspelde omzet, een lijngrafiek (denk ook aan de horizontale as), zie figuur 5.16.
5. Selecteer de grafiek en kies via het +-symbool rechts van de grafiek voor *Trendlijn, Lineaire prognose*. De optie *Lineair* (Lineaire trendlijn) trekt de trendlijn binnen het geselecteerde bereik, de gekozen optie trekt de trendlijn iets door.
6. Selecteer de trendlijn en kies met de rechtermuisknop voor *Trendlijn opmaken*. Plaats een vinkje bij *Vergelijking in grafiek weergeven en R-kwadraat in grafiek weergaven*. In dit venster is de voorspelling ook nog wat ruimer te maken bij het kopje *Voorspelling* optie *Vooruit*.

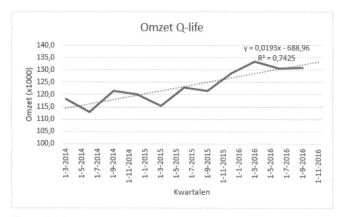

Figuur 5.16

> **Opmerking**
> - Via het +-symbool rechts van de grafiek kan via *Rasterlijnen* ook nog loodlijnen getrokken worden (*Primair klein/groot verticaal*). Die lijnen zijn ook te selecteren uit de opties in groep *Grafiekstijlen* van het lint *Ontwerpen*.
> - Merk op dat de horizontale as (x-as) in figuur 5.16 afwijkt van de geselecteerde datums. Dat komt omdat de as-opmaak automatisch wordt bepaald. Dat is te wijzigen door de horizontale as te selecteren en dan via de rechtermuisknop te kiezen voor *As opmaken, Tekstas*.
> - De optie R-kwadraat valt buiten het bestek van dit boek, maar is een maat die aangeeft hoe goed (of slecht) de gegevens rondom de lineaire trendlijn liggen (goodness-of-fit). R-kwadraat: <0,1: zeer zwak; 0,1 - 0,25: zwak; 0,25 - 0,5: matig; 0,5 - 0,75: sterk; 0,75 - 0,9: zeer sterk; > 0,9: uitzonderlijk sterk (verdacht!).

Opgave 5.3
1. Open bestand *Opgaven 5.xlsx* en selecteer werkblad *Opgave 5.3*.
2. Voorspel voor de twee bedrijven de lineaire forecast voor de volgende maand (49,8; 90,8) en maak ook daarvan twee grafieken inclusief trendlijnen. Neem de voorspelde waarde niet mee in de gegevens voor de grafiek.
3. De lineaire trendlijn voor het bedrijf Casca klopt niet helemaal. Dat komt omdat het geen lineaire trend is. De voorspelde waarde van de functie *VOORSPELLEN.LINEAR()* (Excel-versie 2013: functie *TREND()*) is daardoor ook niet correct. Het is een exponentiële functie (waarden worden steeds sneller groter (of kleiner)). Verander de functie bij Casca in de functie *GROEI()*, die berekent de exponentiële trend (123,3). Verander de trendlijn voor Casca in een *Exponentiële trendlijn*.

Het volgende voorbeeld en de opgave in deze paragraaf zijn alleen beschikbaar vanaf Excel-versie 2016.

▬▬ Voorbeeld 5.6

1. Open bestand *Voorbeelden 5.xlsx* en selecteer werkblad *Voorbeeld 5.6*.
   Een supermarkt heeft de kwartaalomzet (x € 10.000) van de afgelopen jaren bijgehouden. Tussen de kwartalen kunnen grote verschillen zitten. Zo is bijvoorbeeld het laatste kwartaal van het jaar altijd hoger door de goede decembermaand. Met de functie VOORSPELLEN.ETS() kan een forecast worden gemaakt die rekening houdt met seizoensinvloeden. ETS staat voor Exponential Triple Smoothing (drievoudige exponentiële vereffeningsmethode). De theorie over deze methode valt buiten het bestek van dit boek. Standaard worden met deze forecastmethode seizoenspatronen meegenomen. De forecast is een voortzetting van de historische waarden in een nieuwe doeldatum, die een voortzetting van de huidige tijdlijn moeten zijn.
2. Op basis van de bekende kwartaalcijfers wordt voor het derde kwartaal van 2016 een forecast gemaakt; selecteer cel B18 en toon het argumentenvenster van de functie VOORSPELLEN.ETS().
3. Selecteer bij argument *Doeldatum* (Target_date) cel A18, het derde kwartaal van 2016, zie figuur 5.17. Selecteer bij argument *Waarden* (Values) de omzetten van de voorgaande kwartalen, cellen B2:B17. Selecteer bij argument *Tijdlijn* (Timeline) de kwartalen behorende bij de omzetten, cellen A2:A17. De laatste drie argumenten kunnen leeg blijven, de standaardwaarden zijn goed. Merk op dat het zesde argument (Aggregatie; Aggregation) niet direct wordt getoond. Daarvoor moet je naar beneden scrollen in het argumentenvenster. Zie de opmerkingen over deze functie bij dit voorbeeld.

Figuur 5.17

4. Voorspel voor het vierde kwartaal van 2016 de omzet. (Antwoord: 316,1.) Voorspel ook de eerste twee kwartalen van het nieuwe jaar. (Antwoord: 281,9 en 258,2.) Let op, dezelfde omzetten en kwartalen gebruiken uit stap 3. Niet de reeds voorspelde waarden meenemen voor de nieuwe voorspelling.
5. Het betrouwbaarheidsinterval is ook te bepalen. Selecteer cel C18 en toon het argumentenvenster van de functie *VOORSPELLEN.ETS.CONFINT()*. De eerste drie argumenten hebben precies dezelfde waarden als de functie in cel B18, zie figuur 5.17.
6. In het vierde argument kan het *Betrouwbaarheidsniveau* (Confidence_level; waarde tussen 0 - 1) worden opgegeven. Als je het argument leeg laat (standaard), wordt een betrouwbaarheidsniveau van 95% (0,95) aangehouden, uitgaande van een normale verdeling. Bij een waarde van 95% is het betrouwbaarheidsinterval 36,1. De omzet van het derde kwartaal ligt met 95% zekerheid tussen 241,0 (277,1 – 36,1) en 313,2 (277,1 + 36,1). Laat het argument leeg, vul in 0,95 of 95%.
7. Bepaal voor de overige drie kwartalen het betrouwbaarheidsinterval. Kies ook als betrouwbaarheidsniveau 95%. Het bereik van de omzetten en kwartalen alleen over de historische gegevens nemen. (Antwoord: respectievelijk 36,4; 36,7 en 37,0.)
8. De gegevens en de prognose kunnen ook in een grafiek gevisualiseerd worden. Selecteer de historische gegevens inclusief kolomkoppen, cellen A1:B17. Kies in lint *Gegevens*, groep *Voorspelling*, *Voorspellingblad*.
9. In het getoonde venster worden de data en de prognose al getoond. Constateer dat de voorspelling niet lineair is. Er kan gekozen worden voor een lijndiagram (standaard) of een kolomdiagram. Verder kan de einddatum van de prognose worden aangepast. Ook kunnen nog extra opties worden opgegeven. Klik op *Opties*.
10. De start van de prognose begint standaard op het laatste tijdstip van de historische gegevens. Het betrouwbaarheidsinterval van de prognose in de grafiek kan aangepast worden. Seizoensgebondenheid wordt standaard automatisch gedetecteerd (zie ook de opmerkingen bij dit voorbeeld). Eventueel kunnen de statische gegevens van de forecast (prognose) worden getoond. Ontbrekende waarden (punten) in de historische gegevens (bijvoorbeeld een kwartaal geen gegevens bekend) worden standaard via interpolatie bepaald. Indien duplicaten in de historische gegevens voorkomen (bijvoorbeeld twee keer dezelfde kwartaalgegevens), wordt standaard het gemiddelde van die gegevens genomen. We accepteren de standaardwaarden en klik op *Maken*.
11. Op een nieuw werkblad wordt de grafiek getoond inclusief de historische gegevens, de voorspelde omzetten tot de opgegeven einddatum en laagste en hoogste betrouwbaarheidsgrenzen die gebaseerd zijn op het geselecteerde betrouwbaarheidspercentage, zie figuur 5.18. Die laatste waarden zijn berekend met behulp van het betrouwbaarheidsinterval, zie stap 6. Merk op dat in de voorspelling de seizoenen zijn meegenomen. Pimp de grafiek via het lint *Ontwerpen*, groep *Grafiekstijlen* of het kwast-symbool naast de grafiek, zie figuur 5.18. Hernoem het werkblad van de voorspelde gegevens en de grafiek in *Forecast*.

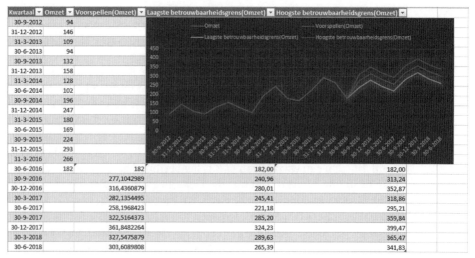

Figuur 5.18

Opmerking
- De functie VOORSPELLEN.ETS() eist dat de gegevens in de tijdlijn een consistent interval hebben, anders volgt een foutmelding. Bijvoorbeeld iedere eerste van de maand of laatste van een kwartaal (voorbeeld 5.6). Het is niet noodzakelijk om datums te gebruiken, numerieke waarden mag ook. De nummers moeten wel doorlopen, dus niet bijvoorbeeld weeknummers 1 tot en met 52 en dan in het nieuwe jaar opnieuw beginnen met 1 etc. Zie ook het laatste punt bij deze opmerkingen. De gegevens op de tijdlijn hoeven niet gesorteerd te zijn, de functie sorteert de gegevens, achter de schermen, voor het berekenen van de forecast.
- Het argument *Seizoensgebondenheid* (Seasonality) staat standaard op automatisch detecteren (waarde is leeg of 1). Indien de waarde 0 wordt ingevoerd is er geen seizoensgebondenheid, de voorspelling is dan lineair. Een ander positief geheel getal kan worden gebruikt voor de lengte van het seizoensgebonden patroon. De automatische instelling (leeg of 1) heeft in dit voorbeeld de waarde 4 berekend voor seizoensgebondenheid. Iedere vier kwartalen komt hetzelfde patroon terug. Seizoensgebondenheid kan pas berekend worden vanaf drie volledige cycli, in dit voorbeeld dus na drie jaar. Bij kortere cycli wordt lineair voorspeld.
- Met het argument *Gegevensaanvulling* (Data_completion) kunnen ontbrekende gegevens in de tijdlijn automatisch worden aangevuld. Deze waarde staat standaard aan (waarde is leeg of 1). De ontbrekende waarden worden dan bepaald op basis van de nabijgelegen tijdlijnwaarden. Indien de waarde 0 wordt ingevoerd, wordt voor ontbre-

> kende gegevens de waarde 0 gebruikt. Maximaal 30% van de gegevens mag ontbreken, anders volgt een foutmelding.
> - Het argument *Aggregatie* (Aggregation) kan gebruikt worden indien in de tijdlijn meerdere waarden een gelijke tijdstempel hebben. Je kunt dan aangeven wat er met die waarden moet gebeuren. De standaardwaarde (leeg of 1) neemt het gemiddelde. De waarden 1 tot en met 7 kunnen ingevoerd worden: 1 - GEMIDDELDE; 2 - AANTAL; 3 - AANTALARG; 4 - MAX; 5 - MEDIAAN; 6 - MIN; 7 - SOM.

Opgave 5.4
1. Open bestand *Opgaven 5.xlsx* en selecteer werkblad *Opgave 5.4*.
   Importeur Bekkar is gespecialiseerd in fruit. Aangezien fruit seizoensafhankelijk is, heeft dat invloed op de omzet van Bekkar. Over de periode 2012-2015 is de omzet bekend.
2. Forecast de omzet voor het jaar 2016. (Antwoord: eerste kwartaal € 1.560.288,89; laatste kwartaal € 1.665.908,30.)
3. Bepaal in de cellen D19:D22 de betrouwbaarheidsintervallen. Neem hierbij een betrouwbaarheidsniveau van 90%. (Antwoord: eerste kwartaal € 192.388,20; laatste kwartaal € 192.393,01.)
4. Toon op basis van de historische gegevens (2012-2015) een grafiek van deze gegevens, inclusief hun prognose voor de komende twee jaar in een nieuw werkblad. Neem een betrouwbaarheidsniveau van 90%.
5. Verfraai de lay-out van de grafiek naar eigen keuze en hernoem het nieuwe werkblad in *Prognose 2016-2017*.

5.3 Sparklines (minigrafieken)

Een minigrafiek wordt sparkline genoemd. Sparklines zijn onder andere handig om een trend in een reeks getallen weer te geven. Met een voorbeeld wordt het toegelicht.

Voorbeeld 5.7

1. Open bestand *Voorbeelden 5.xlsx* en selecteer werkblad *Voorbeeld 5.7*.
   Een supermarktketen heeft de winkels verdeeld in drie regio's. De kwartaalomzet per regio is gegeven.
2. Selecteer cel F4 en kies in het lint *Invoegen, Sparklines, Lijn*. Vul in het venster bij *Gegevensbereik* B4:E4 in en bij *Locatiebereik* de cel waar de grafiek moet komen, F4, zie figuur 5.19. De minigrafiek wordt getoond.
3. Kopieer de sparkline, via de vulgreep, naar de andere regio's.
4. Plaats in cel B7 een sparkline (kolom) om per regio de omzet te tonen van het eerste kwartaal. Merk op dat de kolommen naar verhouding worden weergegeven.
5. Kopieer de sparkline naar de andere kwartalen.

6. Selecteer de sparkline in cel B7. Merk op dat direct de hele groep wordt geselecteerd (blauw kader). Sparklines hebben ook een speciaal lint *Ontwerpen*, selecteer dat lint en plaats in groep *Weergeven* een vinkje bij *Hoge punt*. De hoogste waarde in de sparklines krijgt nu een andere kleur.

Figuur 5.19

> **Opmerking**
> - Het wissen van een sparkline gaat via de rechtermuisknop en dan de optie *Sparklines*. Kies *Geselecteerde sparklines wissen* of *Geselecteerde sparklinegroepen wissen*.
> - Naast een lijn en kolom is er nog een *Winst/verlies* sparkline. Die geeft positieve waarden standaard een blauwe kleur en negatieve waarden een rode kleur.

Opgave 5.5
1. Open bestand *Opgaven 5.xlsx* en selecteer werkblad *Opgave 5.5*.
2. Plaats in cel J4 een sparkline (lijn) over de jaren 2008-2015. Kopieer die naar de andere artikelgroepen.
3. Plaats in cel B7 een sparkline (kolom) over de drie artikelgroepen van 2008. Kopieer die naar andere jaren.
4. Markeer in de sparklines (kolom) de hoogste waarden door een andere kleur.

Hoofdstuk 6
Draaitabellen

Een draaitabel is een zeer krachtig instrument in Excel waarmee managementinformatie kan worden gemaakt om gegevens te analyseren. De professional kan niet zonder draaitabellen. Hiermee kunnen gegevens worden gegroepeerd en op de gegroepeerde gegevens kunnen diverse berekeningen worden gemaakt. Het kan voorkomen dat gegevens afkomstig uit een andere applicatie (exportgegevens) geanalyseerd moeten worden. Vaak zijn de gegevens zo geordend dat het niet eenvoudig is, met een paar formules, gemiddelden en totalen te bepalen. Met behulp van een draaitabel (Pivot table) kunnen die gegevens snel en duidelijke gegroepeerd getoond worden. Lastig het in woorden uit te leggen, dus snel enkele voorbeelden uitwerken.

Er is een filmpje bij dit onderwerp: 6 Draaitabel.

Voorbeeld 6.1

1. Open bestand *Voorbeelden 6.xlsx* en selecteer werkblad *Voorbeeld 6.1*.
   Een rederij heeft vier binnenvaartschepen (barges) te weten Valenta II, Pirido, Kwelta en de Numerico. Bij het charteren (vervoeren van een lading) van een schip wordt onder andere in Excel de datum, het schip en het bedrag genoteerd dat is afgesproken met de klant voor het vervoeren van de lading. In het werkblad zitten ongeveer 800 opdrachten (rijen) over 2015 en 2016, controleer dit.
2. Selecteer in het lint *Invoegen*, groep *Tabellen*, *Draaitabel*. (Mac: tabblad *Gegevens*, groep *Analyse*, pijltje naast *Draaitabel*, *Handmatig draaitabel maken*)
3. Selecteer alle gegevens inclusief de kolomteksten (het kan zijn dat al een voorselectie is gemaakt, anders zijn de sneltoetsen handig, zie paragraaf 1.6) en zorg dat de draaitabel in een nieuw werkblad wordt getoond. In het nieuwe venster staat nu links in het venster een informatietekst en rechts een venster *Draaitabelvelden*, zie figuur 6.1. Als dat venster niet te zien is, selecteer dan de informatietekst. In de lijst met draaitabelvelden staan bovenin de geselecteerde kolomteksten (Datum, Barge, Omzet), ze worden daar velden genoemd. Vandaar dat je die ook moet selecteren. Onder in het venster *Draaitabelvelden* zijn vier secties *Filters*, *Kolommen*, *Rijen* en Σ *waarden*.
4. Sleep uit de lijst met draaitabelvelden *Datum* naar sectie *Rijen* en *Omzet* naar sectie Σ *waarden*. Standaard wordt op een datumveld direct gegroepeerd per jaar, kwartaal en maand. Dat is niet altijd wenselijk, zeker niet in een voorbeeld over een draaitabel. De groepering op jaar, kwartaal en maand wordt verwijderd. Selecteer in de draaitabel met de rechtermuisknop een jaartal (2015 of 2016) en kies *Degroeperen*. (Voor Excel-versie 2013: de groepering op jaar, kwartaal en maand op een datumveld wordt niet standaard uitgevoerd.)

Figuur 6.1

5. Kijk naar het resultaat, de 800 rijen zijn nu gegroepeerd op datum en de bijbehorende omzetten zijn getotaliseerd (gesommeerd – *Som van Omzet*). Hierdoor is de omzet per dag direct zichtbaar. Door het sommeren per dag is het aantal rijen gereduceerd naar 482. Het veld dat naar sectie Σ *waarden* wordt gesleept, wordt dus gesommeerd, vandaar het wiskundige sommatieteken (Σ). Dit is nog niet spectaculair, er zijn namelijk niet veel opdrachten per dag.
6. Selecteer met de rechtermuisknop een willekeurige datum in de draaitabel en kies *Groeperen*. Kies *Jaren* én *Maanden* (geen kwartalen) en selecteer *OK*. Van ieder jaar is nu per maand de totale omzet zichtbaar. Merk op dat het venster *Draaitabelvelden* is uitgebreid met het veld *Jaren* en dat *Jaren* ook automatisch is geplaatst bij *Rijen*.
7. De subtotalen per jaar zijn nog niet zichtbaar. Selecteer de draaitabel en kies in het lint *Ontwerpen*, groep *Indeling*, *Subtotalen*, *Alle subtotalen onder de groep weergeven*.

8. Het kan nog specifieker. Sleep in venster *Draaitabelvelden* het veld *Barge* naar sectie *Kolommen*. De namen van de schepen worden in de kolommen gezet en per schip wordt per jaar, per maand de totale omzet getoond, inclusief de eindtotalen per maand en per schip. Selecteer in sectie Σ *waarden* de keuzelijst van het veld *Som van Omzet* en kies vervolgens *Waardeveldinstellingen*. Verander bij *Aangepaste naam* de waarde in **Maandomzet**. Klik vervolgens op de knop *Getalnotatie* en kies *Valuta*. Sluit het venster *Waardeveldinstellingen* via OK. Zie figuur 6.2 voor het resultaat.

Maandomzet	Kolomlabels				
Rijlabels	Kwelta	Numerico	Pirido	Valenta II	Eindtotaal
2015					
jan	€ 15.159,00	€ 46.178,00	€ 18.531,00	€ 55.207,00	€ 135.075,00
feb	€ 48.680,00	€ 53.375,00	€ 56.301,00	€ 50.635,00	€ 208.991,00
mrt	€ 49.060,00	€ 73.385,00	€ 48.036,00	€ 46.016,00	€ 216.497,00
apr	€ 50.190,00	€ 50.607,00	€ 44.285,00	€ 16.790,00	€ 161.872,00
mei	€ 52.358,00	€ 76.875,00	€ 49.930,00	€ 64.384,00	€ 243.547,00
jun	€ 70.736,00	€ 55.856,00	€ 23.824,00	€ 48.254,00	€ 198.670,00
jul	€ 43.200,00	€ 63.788,00	€ 33.863,00	€ 33.336,00	€ 174.187,00
aug	€ 52.120,00	€ 50.240,00	€ 67.452,00	€ 9.038,00	€ 178.850,00
sep	€ 17.034,00	€ 36.721,00	€ 49.387,00	€ 26.790,00	€ 129.932,00
okt	€ 47.505,00	€ 41.071,00	€ 28.544,00	€ 12.834,00	€ 129.954,00
nov	€ 27.012,00	€ 68.452,00	€ 48.929,00	€ 77.035,00	€ 221.428,00
dec	€ 39.767,00	€ 71.107,00	€ 45.098,00	€ 70.754,00	€ 226.726,00
Totaal 2015	€ 512.821,00	€ 687.655,00	€ 514.180,00	€ 511.073,00	€ 2.225.729,00
2016					
jan	€ 33.115,00	€ 88.147,00	€ 53.212,00	€ 41.677,00	€ 216.151,00
feb	€ 37.992,00	€ 50.049,00	€ 29.852,00	€ 10.827,00	€ 128.720,00
mrt	€ 54.628,00	€ 86.676,00	€ 64.116,00	€ 70.742,00	€ 276.162,00
apr	€ 49.324,00	€ 69.996,00	€ 14.854,00	€ 54.730,00	€ 188.904,00
mei	€ 42.045,00	€ 58.049,00	€ 47.968,00	€ 37.424,00	€ 185.486,00
jun	€ 19.435,00	€ 61.794,00	€ 53.890,00	€ 30.670,00	€ 165.789,00
jul	€ 38.272,00	€ 44.363,00	€ 57.058,00	€ 2.426,00	€ 142.119,00
aug	€ 41.407,00	€ 64.472,00	€ 40.954,00	€ 19.891,00	€ 166.724,00
sep	€ 19.331,00	€ 63.698,00	€ 39.605,00	€ 76.628,00	€ 199.262,00
okt	€ 34.879,00	€ 84.311,00	€ 41.692,00	€ 87.868,00	€ 248.750,00
nov	€ 52.932,00	€ 45.412,00	€ 40.264,00	€ 35.145,00	€ 173.753,00
dec	€ 25.509,00	€ 46.452,00	€ 15.677,00	€ 46.272,00	€ 133.910,00
Totaal 2016	€ 448.869,00	€ 763.419,00	€ 499.142,00	€ 514.300,00	€ 2.225.730,00
Eindtotaal	€ 961.690,00	€ 1.451.074,00	€ 1.013.322,00	€ 1.025.373,00	€ 4.451.459,00

Figuur 6.2

9. Sleep in sectie *Rijen* het veld *Jaren* onder *Datum*. Dit levert direct andere (nuttige) informatie.
10. Sleep het veld *Jaren* uit sectie *Rijen* naar de sectie *Filters*. Nu wordt standaard alle jaren gesommeerd per maand. Linksboven in de draaitabel staat nu *Jaren (Alle)*. Selecteer *Jaren (Alle)* en plaats een vinkje bij *Meerdere items selecteren* en selecteer vervolgens alleen 2016. Het rapport (de draaitabel) is nu gefilterd op het jaar 2016.
11. Hef het filter op zodat weer alle jaren worden getoond. Sleep vervolgens het veld *Jaren* uit de sectie *Filters* naar de sectie *Rijen* en plaats het boven het veld *Datum*.

12. Het veld dat naar sectie Σ *waarden* wordt gesleept wordt standaard per rij en/of kolom gesommeerd. Als je niet wilt sommeren, maar bijvoorbeeld tellen (de opdrachten per barge per maand), kan dat worden gewijzigd. Selecteer in sectie Σ *waarden* de keuzelijst van het veld *Maandomzet* (direct meeveranderd tijdens het wijzigen van de tekst *Som van Omzet* in stap 8) en kies *Waardeveldinstellingen*. In dit venster kan *Aantal* gekozen worden om te tellen of *Gemiddelde*, etc. Selecteer *Aantal*, verander de naam in **Aantal opdrachten** en selecteer via de knop *Getalnotatie* de optie *Standaarden*, bekijk het resultaat. Van ieder jaar is nu per maand, per schip te zien hoeveel opdrachten er zijn geweest.
13. Als je de draaitabel selecteert, komt het venster *Draaitabelvelden* tevoorschijn en bovendien twee extra linten, *Analyseren* en *Ontwerpen*, onder het kopje *Hulpmiddelen voor draaitabellen*, zie figuur 6.3. In stap 7 is dit lint al gebruikt om de subtotalen te tonen. Plaats via het lint *Ontwerpen*, groep *Opties voor draaitabelstijlen*, een vinkje bij *Gestreepte rijen*.

Figuur 6.3

14. Het is mogelijk in één draaitabel, zowel de maandomzet als het aantal opdrachten te tonen. Sleep opnieuw het veld *Omzet* naar de sectie Σ *waarden*, dus *Omzet* staat nu twee keer in die sectie. Selecteer de sectie Σ *waarden Som van Omzet* en verander via *Waardeinstellingen* de naam in **Maandomzet** en kies via de knop *Getalnotatie* voor *Valuta*.
15. In de draaitabel kan via de keuzelijsten *Rijlabels* en *Kolomlabels* gefilterd worden om niet alle maanden te zien of alle schepen. Toon alleen de eerste zes maanden van 2016 (*Rijlabels*, *Datumfilters*, *Tussen*) van de schepen *Kwelta* en *Numerico*.
16. Een veld in een van de vier secties in het venster *Draaitabelvelden* kan eenvoudig worden verwijderd door het veld terug te slepen naar de lijst met *Draaitabelvelden*. Selecteer *Aantal opdrachten* uit sectie Σ *waarden* en sleep die terug naar de lijst met *Draaitabelvelden*.
17. Van een draaitabel is snel een grafiek te maken. Klik met de muis ergens in de draaitabel. Kies in het lint *Analyseren*, groep *Extra*, *Draaigrafiek*, *Kolom* (eerste optie). Maak de grafiek iets groter. Merk op dat je ook binnen de grafiek kunt filteren. Als die knoppen voor filteren niet nodig zijn, kunnen die worden verwijderd. Selecteer de grafiek en kies via het lint *Analyseren*, groep *Weergeven/verbergen* de optie *Veldknoppen*. Merk op dat als je de grafiek van de draaitabel selecteert, het lint ook verandert.
18. De draaitabel is in een nieuw werkblad gezet, met een standaardnaam. Selecteer met de rechtermuisknop de naam van het werkblad (Blad x) en verander de naam van het werkblad in *Draai omzet*.

> **Opmerking**
> - Als je de draaitabel selecteert wordt het venster *Draaitabelvelden* getoond. Indien de draaitabel klaar is en je wilt het tonen aan derden, kan dat hinderlijk zijn. De veldenlijst is te verwijderen via het lint *Analyseren*, groep *Weergeven*, *Lijst met velden*. Als de veldenlijst niet wordt getoond, na het selecteren van de draaitabel, is de veldenlijst via die knop ook zichtbaar te maken.
> - Plaats velden met de meeste waarden in de sectie *Rijen*. Je kunt immers eenvoudiger verticaal scrollen dan horizontaal.
> - De velden in de secties *Kolommen* en *Rijen* zijn snel te verplaatsen door te slepen. Rijen en kolommen zijn op die manier snel gewisseld.
> - Je kunt nog groeperen op kwartalen om de gewenste management-informatie te tonen.
> - Als je wilt tellen (*Aantal*) in sectie ∑ *waarden*, maakt het niet uit welk veld je daarnaartoe sleept. *Aantal* telt het aantal keer dat het voorkomt in de groep. Dus, bij *Aantal opdrachten* maakt het niet uit of je *Omzet* telt of bijvoorbeeld *Barge*.

Voorbeeld 6.2

1. Open bestand *Voorbeelden 6.xlsx* en selecteer werkblad *Voorbeeld 6.2*.
   Een transportonderneming rijdt regelmatig op Spanje voor een klant. Genoteerd wordt ritnummer (No), bestemming (provincie – Destination), verwachte aankomstdatum (Estimated Time of Arrival – ETA), werkelijke aankomstdatum (Actual Time of Arrival – ATA) en het bedrag van de lading (Amount). Met de klant is een KPI (kritische prestatie-indicator) afgesproken, dat minimaal 80% van de ritten op of voor de verwachte aankomstdatum arriveert. Het management wenst gedetailleerde informatie over de huidige status.
2. Maak een nieuwe kolom *Delay* en bereken het aantal dagen dat een rit te laat is (een negatieve waarde betekent te vroeg). Tip: trek de datums van elkaar af, ATA - ETA.
3. Selecteer alle gegevens (inclusief kopteksten), behalve kolom ritnummer, maak een draaitabel in een nieuw werkblad via het lint *Invoegen*.
4. Sleep *Delay* en *ATA* naar sectie *Rijen* (*Delay* als eerste), *Delay* ook naar ∑ *waarden* en *Destination* naar sectie *Kolommen*. Er is op het datumveld *ATA* automatisch gegroepeerd. Dat is niet wenselijk. Selecteer met de rechtermuisknop een willekeurige maand in de draaitabel en kies *Degroeperen*. (Excel-versie 2013: er wordt niet automatisch op een datumveld gegroepeerd.)
5. Het veld *Delay* in ∑ *waarden* wordt standaard gesommeerd, maar moet nu geteld worden (aantal keren te laat). Selecteer *Som van Delay* en wijzig de berekening in *Aantal* via *Waardeveldinstellingen*. Verander de direct de naam in **Count Delay**.

6. Standaard worden subtotalen getoond, zie figuur 6.4. Indien de subtotalen niet worden getoond selecteer dan de draaitabel en kies in het lint *Ontwerpen*, groep *Indeling, Subtotalen, Alle subtotalen boven de groep weergeven*. Totaal is 23 keer precies op tijd gereden, drie keer naar Murcia, veertien keer naar Navarra en zes keer naar Valencia.
7. Wijzig de naam van het werkblad (Blad x) in *KPI*.
8. Het management wenst eigenlijk ook percentages van de tellingen. Selecteer de gehele draaitabel en maak een kopie van de draaitabel, via kopiëren / plakken, in cel A30.

Count Delay	Kolomlabels					
Rijlabels	La Rioja	Madrid	Murcia	Navarra	Valencia	Eindtotaal
⊟ -1		7	6			13
1-10-2016			6			6
2-10-2016		7				7
⊟ 0			3	14	6	23
1-10-2016			1		4	5
2-10-2016				13	2	15
3-10-2016				1		1
4-10-2016			2			2
⊟ 1	3					3
5-10-2016	3					3
⊟ 2	2					2
6-10-2016	2					2
⊟ 3	1		3			4
7-10-2016	1		3			4
⊟ 4			2			2
8-10-2016			2			2
⊟ 6		1				1
13-09-2016		1				1
⊟ 7	2					2
24-09-2016	2					2
⊟ 20					1	1
22-10-2016					1	1
Eindtotaal	8	8	14	14	7	51

Figuur 6.4

9. Selecteer de gekopieerde draaitabel en selecteer in sectie Σ *waarden* de keuzelijst *Count Delay* en kies *Waardeveldinstellingen*. Selecteer het tabblad *Waarden weergeven als* en kies in de keuzelijst *% van eindtotaal*, zie figuur 6.5.
10. Selecteer cel J32 en plaats daarin de formule: **=G32+G35**. (Antwoord: 70,59%.) 70,6% is op tijd of één dag te vroeg, dus wordt nog niet voldaan aan de gestelde KPI, zie ook de opmerkingen bij dit voorbeeld.
11. Als je in de eerste draaitabel filtert op bijvoorbeeld Madrid, wordt niet automatisch ook de tweede draaitabel gefilterd op Madrid. Als je draaitabel 1 en draaitabel 2 wilt synchroniseren tijdens het filteren, kan gebruikt worden gemaakt van een *Slicer*.

Count Delay	Kolomlabels					
Rijlabels	La Rioja	Madrid	Murcia	Navarra	Valencia	Eindtotaal
⊟ -1	0,00%	13,73%	11,76%	0,00%	0,00%	25,49%
1-10-2016	0,00%	0,00%	11,76%	0,00%	0,00%	11,76%
2-10-2016	0,00%	13,73%	0,00%	0,00%	0,00%	13,73%
⊟ 0	0,00%	0,00%	5,88%	27,45%	11,76%	45,10%
1-10-2016	0,00%	0,00%	1,96%	0,00%	7,84%	9,80%
2-10-2016	0,00%	0,00%	0,00%	25,49%	3,92%	29,41%
3-10-2016	0,00%	0,00%	0,00%	1,96%	0,00%	1,96%
4-10-2016	0,00%	0,00%	3,92%	0,00%	0,00%	3,92%
⊟ 1	5,88%	0,00%	0,00%	0,00%	0,00%	5,88%
5-10-2016	5,88%	0,00%	0,00%	0,00%	0,00%	5,88%
⊟ 2	3,92%	0,00%	0,00%	0,00%	0,00%	3,92%
6-10-2016	3,92%	0,00%	0,00%	0,00%	0,00%	3,92%
⊟ 3	1,96%	0,00%	5,88%	0,00%	0,00%	7,84%
7-10-2016	1,96%	0,00%	5,88%	0,00%	0,00%	7,84%
⊟ 4	0,00%	0,00%	3,92%	0,00%	0,00%	3,92%
8-10-2016	0,00%	0,00%	3,92%	0,00%	0,00%	3,92%
⊟ 6	0,00%	1,96%	0,00%	0,00%	0,00%	1,96%
13-09-2016	0,00%	1,96%	0,00%	0,00%	0,00%	1,96%
⊟ 7	3,92%	0,00%	0,00%	0,00%	0,00%	3,92%
24-09-2016	3,92%	0,00%	0,00%	0,00%	0,00%	3,92%
⊟ 20	0,00%	0,00%	0,00%	0,00%	1,96%	1,96%
22-10-2016	0,00%	0,00%	0,00%	0,00%	1,96%	1,96%
Eindtotaal	15,69%	15,69%	27,45%	27,45%	13,73%	100,00%

Figuur 6.5

12. Selecteer een van de twee draaitabellen en kies uit het lint *Analyseren*, groep *Filter*, *Slicer invoegen*. Plaats een vinkje bij *Destination* en klik op *OK*.
13. Selecteer in de slicer met de rechtermuisknop *Rapportverbindingen* en plaats bij beide draaitabellen een vinkje.
14. Als je nu in de slicer op een Bestemming klikt wordt er gefilterd, in beide draaitabellen, op de geselecteerde bestemming. Meerdere bestemmingen kunnen geselecteerd worden in de slicer via de knop *Meervoudige selectie* of selecteren met de Ctrl-toets ingedrukt.
15. Er is ook een slicer die op datums werkt, een tijdlijn. Hiermee kan snel op dagen, maanden, kwartalen en jaren worden gefilterd. Selecteer een van de twee draaitabellen en kies in lint *Analyseren*, groep *Filter*, *Tijdlijn invoegen*. Plaats een vinkje bij ATA.
16. Selecteer met de rechtermuisknop de *Tijdlijn* en kies *Rapportverbindingen*. Plaats bij beide draaitabellen een vinkje (synchronisatie).
17. Selecteer in het tijdlijnvenster *Kwartalen*. Selecteer eerst alleen kwartaal 3, dan alleen kwartaal 4 en ten slotte beide kwartalen in 2016.

Opmerking
- Als in de basistabel een verandering wordt aangebracht, bijvoorbeeld een gewijzigde aankomstdatum, wordt de draaitabel *niet* automatisch aangepast. Om de draaitabel met de nieuwe dataset te tonen, selecteer in het lint *Analyseren*, groep *Gegevens*, *Vernieuwen*.
- De slicer en tijdlijn kunnen handig gebruikt worden in dashboards (samengevatte informatie in een venster). Met de slicer en tijdlijn is dan snel en overzichtelijk te filteren.
- Als een draaitabel op een verkeerde plaats staat, is die te verplaatsen via het lint *Analyseren, Acties, Draaitabel verpl.*
- Als je negatieve waarden als 'op tijd' wilt meerekenen. Gebruik dan een functie *ALS()* in de kolom *Delay*. Als de waarde kleiner is dan nul, maak de waarde dan gelijk aan 0. Een berekening zoals in cel J32 is dan niet meer nodig.
- In cel J32 kan expliciet de formule staan (=G32+G35) of een verwijzing naar de draaitabel. Verwijzingen naar de draaitabel krijg je als je de cellen hebt aangewezen. Beide leveren uiteraard hetzelfde antwoord.
- Het veld *Delay* is in de sectie ∑ *waarden* geplaatst. Ieder ander veld had in die sectie geplaatst kunnen worden. *Aantal* telt het aantal keer dat een waarde voorkomt, het maakt niet uit of je *Delay* of *ATA* telt.
- Synchroniseren van draaitabellen bij de slicers kan alleen als de velden van beide draaitabellen precies hetzelfde zijn. Zie ook de volgende opmerking.
- Indien je een extra kolom uit de basisgegevens van je draaitabel wenst toe te voegen aan de veldenlijst, selecteer dan de draaitabel, kies uit het lint *Analyseren*, groep *Gegevens*, *Andere gegevensbron*.

Opgave 6.1
1. Open bestand *Opgaven 6.xlsx* en selecteer werkblad *Opgave 6.1*.
   Een multinational in het produceren van frisdranken heeft data uit de financiële administratie gehaald. De data wil men samenvatten en grafisch tonen. Bovendien is de wens om op veel kenmerken te kunnen filteren, zodat een soort dashboard ontstaat.
2. Maak van alle gegevens een draaitabel in een nieuw werkblad. Hernoem het werkblad direct in *Dashboard*. Sommeer per boekingsnaam de bedragen, zie figuur 6.6.
3. Verander *Som van Bedrag* in **Totaal** en toon de bedragen in euro's.
4. Maak in het werkblad van de draaitabel een kolomdiagram (grafiek) van de draaitabelgegevens en pas de stijl van de grafiek aan, zie figuur 6.6.

Hoofdstuk 6 – Draaitabellen

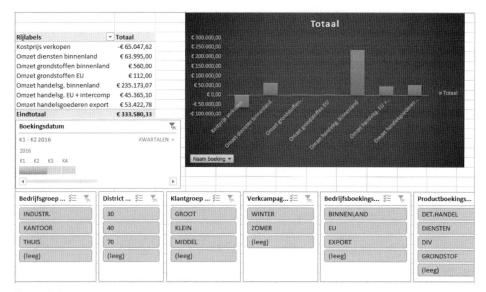

Figuur 6.6

5. Maak slicers voor alle velden behalve *Naam boeking*, *Bedrag* en *Boekingsdatum*. Plaats ze vervolgens naast elkaar, zie figuur 6.6. Tip: de slicers zijn uit te lijnen door alle slicers te selecteren (Ctrl-toets ingedrukt houden) en dan in lint *Opties*, groep *Schikken*, *Objecten uitlijnen*.
6. Maak een tijdlijn (datumslicer) op het veld *Boekingsdatum*.
7. Filter op enkele gegevens via de slicers en de tijdlijn om het effect te zien in de draaitabel en kolomdiagram.

Opgave 6.2
1. Open bestand *Opgaven 6.xlsx* en selecteer werkblad *Opgave 6.2*.
Hierin staan de autoverkopen in Nederland over de eerste zes maanden van 2016, uitgesplitst naar B2B (Business to Business), B2C (Business to Consumer) en C2C (Consumer to Consumer).
2. Maak een draaitabel in een nieuw werkblad waarin per merk, per businesstype en per maand de afzet als percentage van de totale maandafzet wordt getoond, zie figuur 6.7. Verander de naam van het nieuwe werkblad in *%Autoafzet*.
3. Plaats een slicer waarin op het businesstype is te filteren. Toon de verkopen aan consumenten (B2C, C2C).
4. Plaats een tijdlijn waarin op maanden is te filteren. Toon de maanden maart tot en met mei 2016.

%Afzet	Kolomlabels						
Rijlabels	jan-2016	feb-2016	mrt-2016	apr-2016	mei-2016	jun-2016	Eindtotaal
⊟ Alfa romeo	1,24%	1,20%	1,21%	1,14%	1,09%	1,16%	1,18%
B2B	0,37%	0,36%	0,39%	0,33%	0,30%	0,34%	0,35%
B2C	0,51%	0,48%	0,49%	0,47%	0,43%	0,48%	0,48%
C2C	0,36%	0,36%	0,33%	0,34%	0,37%	0,35%	0,35%
⊟ Audi	3,31%	3,25%	3,24%	3,57%	3,82%	3,64%	3,46%
B2B	1,09%	1,19%	1,16%	1,30%	1,25%	1,24%	1,20%
B2C	1,15%	1,15%	1,22%	1,27%	1,31%	1,41%	1,25%
C2C	1,07%	0,91%	0,86%	1,00%	1,26%	0,99%	1,01%
⊟ Austin	0,05%	0,04%	0,05%	0,04%	0,03%	0,04%	0,04%
B2B	0,00%	0,00%	0,00%	0,01%	0,00%	0,00%	0,00%
B2C	0,00%	0,01%	0,01%	0,00%	0,00%	0,00%	0,00%
C2C	0,04%	0,03%	0,03%	0,03%	0,03%	0,04%	0,03%
⊟ BMW	3,96%	4,39%	4,01%	4,21%	4,18%	4,19%	4,15%
B2B	1,05%	1,25%	1,18%	1,25%	1,23%	1,15%	1,18%
B2C	1,45%	1,47%	1,51%	1,55%	1,54%	1,65%	1,53%
C2C	1,45%	1,67%	1,32%	1,41%	1,41%	1,39%	1,44%
⊟ Buick	0,01%	0,01%	0,01%	0,02%	0,01%	0,02%	0,01%
B2B	0,00%	0,00%	0,00%	0,00%	0,00%	0,00%	0,00%
B2C	0,00%	0,00%	0,00%	0,00%	0,00%	0,00%	0,00%
C2C	0,01%	0,01%	0,01%	0,01%	0,01%	0,01%	0,01%
⊟ Cadillac	0,04%	0,04%	0,05%	0,05%	0,04%	0,04%	0,05%
B2B	0,01%	0,01%	0,01%	0,01%	0,01%	0,01%	0,01%
B2C	0,01%	0,02%	0,02%	0,02%	0,01%	0,01%	0,01%
C2C	0,02%	0,02%	0,02%	0,02%	0,02%	0,02%	0,02%

Figuur 6.7

Hoofdstuk 7
Scenario's en Oplosser (Solver)

Scenario's kunnen worden toegepast bij presentaties, waarbij de verschillende scenario's snel te tonen zijn. De oplosser wordt toegepast als een bepaalde uitkomst gewenst is. In Excel wordt door het invullen van cellen een bepaald antwoord verkregen. De oplosser kan andersom werken. Je wenst een bepaald antwoord: wat moet in de cellen staan om dat antwoord te krijgen? Bijvoorbeeld, in een planning heb je drie cellen (parameters) waarmee het aantal FTE wordt bepaald. Met de oplosser kun je de waarden in de drie cellen automatisch laten aanpassen, waardoor het aantal FTE zo klein mogelijk wordt.

7.1 Scenario's

Met behulp van Scenariobeheer kun je meerdere analyses in één werkmap samenvoegen. Je kunt dan eenvoudig wisselen tussen de verschillende scenario's en de uitwerking zien van de diverse aannames. Bijvoorbeeld bij een presentatie kunnen aan de aanwezigen snel verschillende scenario's (opties) getoond worden. Een voorbeeld licht dit toe.

▬ Voorbeeld 7.1

1. Open bestand *Voorbeelden 7.xlsx* en selecteer werkblad *Voorbeeld 7.1*.
   Er wordt een voorbeeld uitgewerkt van een internetbedrijf dat verschillende koffiesoorten via het internet verkoopt. Het eerste scenario is de huidige situatie. Het tweede scenario omvat een verhoging van 5% van de gemiddelde opbrengst, een vermindering van de uitgaven voor reclame en een vermindering van het totale salarisbedrag.
2. Kies in het lint *Gegevens*, groep *Voorspellen* (versie Excel 2013: *Hulpmiddelen voor gegevens*), *Wat-als analyse, Scenariobeheer, Toevoegen*.
3. Vul in het scenariovenster bij *Scenarionaam* de naam **Huidig** in en bij *Veranderende cellen* de cellen $C$3:$C$4;$C$6;$D$8:$D$11 (selecteren met de Ctrl-toets ingedrukt). In dit voorbeeld zijn die van een grijze achtergrond voorzien, zie figuur 7.1.
4. Vink vervolgens *Wijzigingen voorkomen* aan en klik op *OK*.
5. Daarna verschijnt het venster *Scenariowaarden*, zie figuur 7.2. Hierin kun je geselecteerde waarden uit stap 3 eventueel veranderen. Dit doe je nu niet, omdat de huidige situatie vastgelegd moet worden. Merk op dat de cellen D10 en D11 niet direct zichtbaar zijn. Die zijn zichtbaar te maken door in dit venster te scrollen. Klik op *OK* om scenario *Huidig* vast te leggen.
6. Voeg een nieuw scenario toe onder de naam *Hogere prijzen, minder salaris en reclame*. De *Veranderende cellen* blijven hetzelfde. Klik op *OK*.

Figuur 7.1

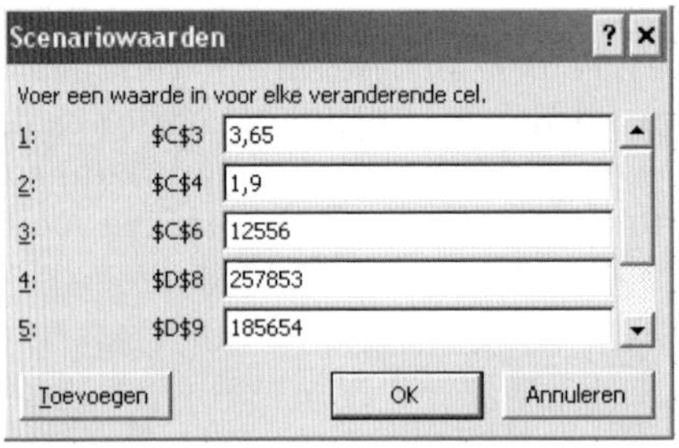

Figuur 7.2

7. Wijzig de volgende waarden: *Gemiddelde opbrengst* (C3): =3,65*1,05 (let op het =-teken; het is een berekening), de gemiddelde opbrengst wordt 5% hoger. *Salarissen* (D8): 225000; *Reclame* (D10): 50000, zie figuur 7.3.
8. Klik hierna op *OK* om het nieuwe scenario vast te leggen. Accepteer de opmerking. Omdat in een cel een formule staat in plaats van een waarde, komt Excel met de waarschuwing dat de formule zal worden vervangen door de uitkomst (waarde) van de berekening. Hierdoor is het niet noodzakelijk eerst met een rekenmachine de verhoging te bepalen.

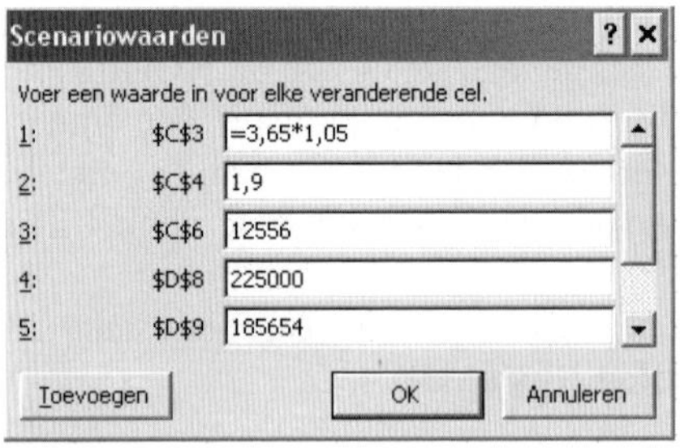

Figuur 7.3

9. Selecteer het scenario *Hogere prijzen, minder salaris en reclame* en klik op *Weergeven*. Let op het resultaat in de kolommen C en D.
10. Selecteer scenario *Huidig* en klik op *Weergeven*. Let op het resultaat in de kolommen C en D.

Opgave 7.1
1. Open bestand *Opgaven 7.xlsx* en selecteer werkblad *Opgave 7.1*.
2. Maak een derde scenario *Hogere prijzen, lagere kosten logistiek* met de volgende wijzigingen ten opzichte van *Huidig* (dus eerst scenario *Huidig* selecteren).
3. Gemiddelde opbrengst per bestelling (C3): 3,75; Kosten per bestelling (C4): 1,80; Logistieke kosten (D11): 450000.
4. Bekijk het effect van dit derde scenario. (Antwoord: Bedrijfswinst € 322.021,40.)

Samenvattingsrapport scenario's genereren
5. Klik in het dialoogvenster *Scenariobeheer* op *Samenvatting*
6. Kies als *Rapporttype* voor *Scenariosamenvatting* en neem cel D13 (de Bedrijfswinst) als *Resultaatcel*.

7.2 Oplosser (Solver)

Er is een filmpje bij dit onderwerp: 7 Oplosser.

In sommige situaties wil je naar een bepaalde oplossing toewerken. Je wenst een bepaald eindresultaat, maar welke waarden horen bij dat resultaat? Daarvoor kun je een krachtig instrument gebruiken in Excel, de *Oplosser* (Solver). Je moet bijvoorbeeld de kosten minimaliseren, maar met welke waarden van de parameters wordt dat gehaald?
De Solver is standaard niet geïnstalleerd in Excel, dit is te controleren in het lint *Gegevens*, groep *Analyse* (Analysis). Als daar niets staat, de Oplosser (Solver) installeren via het lint *Bestand, Opties, Invoegtoepassingen*. Selecteer *Oplosser-invoegtoepassing* (Solver Add-in) en klik op *Start*. Selecteer in het volgende venster opnieuw de *Oplosser-invoegtoepassing* (Solver Add-in; aanvinken) en klik op *OK*. Verlaat het venster, de Oplosser is nu geïnstalleerd, zie het lint *Gegevens*, groep *Analyse*.
In sommige versies van Excel is de Oplosser ook in de Nederlandstalige versie in het Engels. Om die reden is achter de Nederlandse term tussen haakjes de Engelstalige vertaling geplaatst.
Met een voorbeeld wordt de Oplosser gedemonstreerd.

Voorbeeld 7.2

1. Selecteer in het bestand *Voorbeelden 7.xlsx*, het werkblad *Voorbeeld 7.2*.
De gegevens van het product Palmolie, type HQ-E. staan gegeven. De totale kosten voor het houden van voorraad is te berekenen met de formule:
Totale kosten = $D/Q * C_b + (Q/2 + V_v) * C_v$.
D: Jaarvraag van het product; Q: bestelgrootte; Cb: bestelkosten; Vv: veiligheidsvoorraad; Cv: kosten voorraadhouden per eenheid per jaar.

2. Bereken de totale kosten voorraadhouden van het product in cel B8 (antwoord: € 32.062.500,00).
3. Stel dat alle variabelen vast staan, behalve de bestelgrootte. Die variabele is te wijzigen. Probeer door het wijzigen van de bestelgrootte de totale kosten voorraadhouden te minimaliseren (trial and error-methode).
4. Nu ga je het proces dat je in stap 3 hebt uitgevoerd (handmatig), door de Oplosser (Solver) laten doen. Ga naar het lint *Gegevens*, groep *Analyse* (Analysis), *Oplosser* (Solver).
5. Selecteer bij *Doelfunctie bepalen* (Set Objective) de doelcel, de cel waarin het (optimale) antwoord komt te staan, dus de *Totale kosten* (B8). In stap 3 heb je de bestelgrootte aangepast om te onderzoeken of de totale kosten (je doel) omlaag gaan.
6. Selecteer bij *Naar* (To) de optie *Min*. Dus de op te lossen doelcel (totale kosten) moet zo laag mogelijk worden. *Max* wordt gebruikt als je de doelcel wilt maximaliseren en bij *Waarde van* (Value Of) kun je zelf een waarde voor de doelcel opgeven.
7. Selecteer bij *Door veranderen van variabelecellen* (By Changing Variable Cells) de cel (of cellen) die van invloed zijn op de doelcel. In dit voorbeeld, maar één cel, namelijk de bestelhoeveelheid (Bestelgrootte) cel B5.
8. Het kan voorkomen dat de variabelen niet alle waarden mogen aannemen. In ons voorbeeld mag de variabele bestelgrootte, cel B5, niet alle waarden aannemen. In de genoemde formule moet de bestelgrootte groter of gelijk zijn aan de waarde 1 en bovendien moet het een geheel getal zijn. Dit worden randvoorwaarden of restricties genoemd. Randvoorwaarden zijn toe te voegen in de Oplosser. Voeg twee randvoorwaarden (Engels: constraints) toe bij *Onderworpen aan de randvoorwaarden* (Subject to the Constraints). Randvoorwaarde 1: bestelgrootte groter of gelijk aan 1, randvoorwaarde 2: de bestelhoeveelheid moet een geheel getal zijn, kies *Geh* (Integer) uit de keuzelijst, zie figuur 7.4.
9. Kies bij *Selecteer een oplossingsmethode* (Select a Solving Methode) de optie GRG Nonlinear. Zie ook de opmerkingen onder dit voorbeeld.
10. Klik op *Oplossen* (Solve) om de Oplosser (Solver) het optimum (minimale totale kosten) te laten berekenen.
11. De Oplosser komt met een venster waarin gemeld wordt dat een oplossing is gevonden. Accepteer het antwoord (346), iedere andere waarde is duurder. Er zijn toch enige tonnen te besparen!

> **Opmerking**
> - De Oplosser bepaalt via een methode een eerste waarde voor de oplossing. Vervolgens wordt opnieuw een waarde bepaald en gekeken of die waarde een betere oplossing biedt. Dit proces herhaalt zich, het aantal herhalingen wordt iteraties (aantal pogingen) genoemd.
> - Bij *Selecteer een oplossingsmethode* (Select a Solving Method) zijn drie oplossingsmethoden toe te passen. *GRG Nonlinear, Simplex LP* en *Evalutionary*. GRG Nonlinear wordt toegepast als de oplossing niet-lineair is (dus een curve – zonder scherpe schommelingen – smooth nonlinear). Simplex LP kan toegepast worden bij Lineair

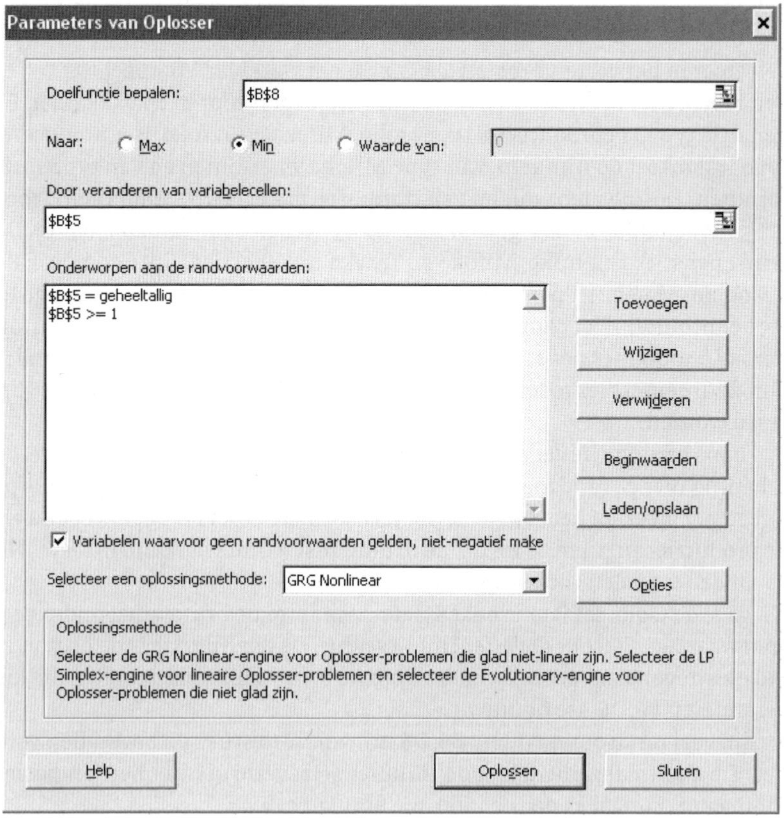

Figuur 7.4

Programmeer problemen (of bij oplossingen als alle getallen gehele getallen zijn). Evolutionary kan toegepast worden, als de oplossing onvoorspelbaar is. Indien je het niet weet, kies dan GRG Nonlinear.
- Bij invoeren van een randvoorwaarde kun je ook kiezen uit de opties Geh (Int), Bin en Dif. Geh staat voor geheel getal (integer), alleen gehele getallen worden gebruikt. Bin staat voor binair (binary), alleen de binaire getallen 0 en 1 worden gebruikt. Dif staat voor AllDifferent, alle waarden moeten verschillend zijn (ook in de Nederlandse versie). Helaas zitten de voorwaarden kleiner en groter er niet bij. Voer bijvoorbeeld voor <1, het volgende in: <=0,99999.
- Nadat op de knop *Oplossen* (Solve) is geklikt, kan de oplossing ook als Scenario worden opgeslagen via de knop *Scenario opslaan* (Solve Scenario). Door de basisgetallen te veranderen, bijvoorbeeld de jaarvraag (D), kunnen zo verschillende scenario's doorgerekend worden.

▰ Voorbeeld 7.3

1. Selecteer in het bestand *Voorbeelden 7.xlsx*, het werkblad Voorbeeld 7.3.
   Een fabrikant maakt exclusieve massieve ligbaden voor in de badkamer. Er worden drie typen geproduceerd: type Iroko, Miloko en Taroko. Het produceren van type Iroko kost 60 minuten, van type Miloko 75 minuten en van type Taroko 120 minuten. De ligbaden worden van composietmateriaal geproduceerd. Voor Iroko is 65 liter composiet nodig, voor Miloko 95 liter en voor Taroko 130 liter. De bruto winst per stuk van Iroko, Miloko en Taroko is respectievelijk € 300,00, € 800,00 en € 1300,00. Men heeft per week beschikbaar voor de productie van de ligbaden 65 uur (3900 minuten). Het composietmateriaal wordt per week in vier kunststof containers van 1000 liter per stuk gebracht. De vraag naar de baden is voldoende groot. Om de afnemers tevreden te houden moet minimaal 10 stuks per type geproduceerd worden.
2. Vul handmatig in de cellen B6, C6 en D6 productieaantallen in per type, houd wel rekening met de randvoorwaarden (restricties). Dus, minimaal 10 stuks per type ligbad per week en het composietmateriaal en de arbeid is beperkt per week. Voer de productieaantallen zo in, dat de brutowinst wordt gemaximaliseerd. Noteer de gevonden waarden voor de ligbaden.
3. Nu ga je de Oplosser laten zoeken naar de maximale brutowinst onder de genoemde voorwaarden. Start de *Oplosser*, lint *Gegevens*. De doelfunctie is de brutowinst in cel F10 en streven naar een maximum voor de brutowinst, via de cellen die kunnen veranderen B6:D6, zie figuur 7.5.
4. Er zijn veel randvoorwaarden. B6:D6 minimaal 10 stuks en bovendien gehele getallen. De maximale arbeid is 3900 minuten. Het verbruik van het composietmateriaal mag maximaal 4000 liter zijn, zie figuur 7.5.
5. Kies bij *Selecteer een oplossingsmethode* (*Select a Solving Method*) de optie *GRG Nonlinear* of *Simplex LP* (zie de opmerkingen bij dit voorbeeld.)
6. Los het op en accepteer de oplossing. (Antwoord: Iroko: 10, Miloko: 12, Taroko: 17, € 34.700,00.)

> **Opmerking**
> - Dit vraagstuk noemt men een Lineair Programmeer (LP) probleem, oplossingsmethode: Simplex LP, maar de *GRG Nonlinear* methode werkt ook, zie ook de opmerking onder Voorbeeld 7.2.
> - In de voorwaarden van het composietmateriaal en arbeid hadden ook de getallen 4000 en 3900 kunnen staan. Op de toegepaste manier is een wijziging in het maximale aantal arbeidsuren of liters composietmateriaal snel in te voeren om de Oplosser opnieuw zijn werk te kunnen laten doen.

Hoofdstuk 7 – Scenario's en Oplosser (Solver)

Figuur 7.5

Opgave 7.2

1. Open bestand *Opgaven 7.xlsx* en selecteer werkblad *Opgave 7.2*.
   Hierin staat de afzet van een product die behaald is in tien weken. Voor het voorspellen (forecasten) van de verwachte afzet van producten bestaan veel modellen. Een ervan is de exponentiële vereffeningmethode. Deze methode is gebaseerd op het afnemend verschil tussen de laatst voorspelde waarde en de laatst gemeten waarde. Daarbij wordt een dempingsfactor α gebruikt. Door de waarde van de dempingsfactor α te veranderen is de voorspelling te optimaliseren.
   Het voorspellen van een afzet, via de exponentiële vereffeningmethode, gaat via de formule: (α × werkelijke waarde) + (1 – α) × voorspelde waarde. In week 4 is de werkelijke afzet 3406 en de voorspelde afzet is 3436,52. In rij *Afwijking (absoluut)* is het verschil bepaald tussen de werkelijke afzet en de voorspelde afzet. Die waarde is altijd positief gemaakt, via de functie *ABS()*. Die afkorting staat voor absoluut, een wiskundige term voor het altijd positief maken van getallen.

De gemiddelde afwijking, in de gemeten tien weken, bij α = 0,1, is 265,6. Hoe kleiner de gemiddelde absolute afwijking, hoe beter de voorspelling. Door het veranderen van de dempingsfactor α, zal de gemiddelde afwijking veranderen. De waarden die de dempingsfactor α kan aannemen, liggen tussen 0 en 1 (inclusief grenzen).
2. Verander handmatig de waarde van dempingsfactor α, houd rekening met de randvoorwaarde en onderzoek of je de gemiddelde absolute afwijking kunt verlagen.
3. Bepaal nu met de Oplosser (Solver) de optimale waarde van α, waarbij de gemiddelde absolute afwijking van de forecast zo klein mogelijk moet zijn. Denk aan de randvoorwaarden voor α! (Antwoord: α = 0,615583.)

Opgave 7.3
1. Open bestand *Opgaven 7.xlsx* en selecteer werkblad *Opgave 7.3*.
   Hierin staat een voorbeeld van een voorraadmodel. Hoe de formules werken, maakt voor de opdracht niet uit.
   Aan het houden van voorraad zijn kosten gebonden. Hoe meer voorraad, hoe meer kosten. Denk aan kapitaalkosten, risicokosten (waardevermindering, bijvoorbeeld voor elektronica) en kosten magazijn/warehouse. Heb je te weinig voorraad, dan heb je te maken met nee-verkoopkosten. Je kunt artikelen een servicegraad (service level) geven, bijvoorbeeld 99%. Dat betekent dat je 99% kans hebt dat het artikel op voorraad is gedurende de levertijd. Hoe hoger de servicegraad, hoe hoger de voorraad(kosten) en hoe lager het nee-verkopen. Daar is een optimum in te vinden. Er kan nog onderscheid gemaakt worden tussen A-artikelen (snellopers), B-artikelen (normaallopers) en C-artikelen (langzaamlopers).
   Wat zijn de optimale servicegraden voor de ABC-artikelen? De servicegraden mogen niet onder de 80% komen. Bedenk bovendien dat de servicegraad altijd kleiner is dan 100%. Dat kan met de trial and error-methode (handmatig proberen), maar het kan ook automatisch met de Oplosser.
2. A-artikelen staan op 99%, B-artikelen op 95% en C-artikelen op 90%. De totale kosten voor het houden van de voorraad is daarbij € 204.605,77 (cel I1). Bepaal de optimale servicegraden voor de ABC-artikelen (B1:B3), waarbij de totale kosten (cel I1) voor het houden van voorraad zo klein mogelijk is. Denk hierbij ook aan de randvoorwaarden (servicegraden vanaf 80% tot 100%). In de Oplosser kunnen *geen* procenten ingevoerd worden, 80% is 0,8, 100% bestaat niet, neem 99,9% (0,999).
3. Hoeveel wordt er bespaard door de nieuwe servicegraden?

> **Opmerking**
> In deze opdracht worden zeer veel mogelijke oplossingen onderzocht (iteraties) door de oplosser, na een groot aantal iteraties wordt gestopt. Als je andere beginwaarden neemt voor de percentages, kan het antwoord daardoor iets afwijken.

Hoofdstuk 8
Opmaak, lijsten, tijd, beveiliging

In dit hoofdstuk wordt een aantal veelgebruikte mogelijkheden van Excel toegelicht. Aan de orde komt hoe je een voorwaardelijke opmaak kunt maken. En hoe je een keuzelijst kunt maken, waaruit een vastgelegde waarde is te selecteren. Een bekend probleem is het rekenen met tijd in Excel. Met voorbeelden wordt uitgelegd hoe dit werkt. Ten slotte wordt in dit hoofdstuk een werkblad beveiligd, zodat je maar een selectief aantal cellen kunt veranderen.

8.1 Voorwaardelijke opmaak

Met een voorwaardelijke opmaak kun je cellen in een werkblad benadrukken, bijvoorbeeld met een kleur, indien het aan een bepaalde voorwaarde voldoet. Dit wordt met enkele voorbeelden toegelicht. Bedenk wel dat het niet de bedoeling is van je werkblad een kerstboom te maken.

▰ Voorbeeld 8.1

1. Selecteer in het bestand *Voorbeelden 8.xlsx*, het werkblad *Voorbeeld 8.1*.
   In dit werkblad wordt de budgettering voor project MVO geregistreerd.
2. Als het budget is overschreden, ongeacht de voortgang, wil je dat met de kleur rood markeren. Selecteer de cellen *Uitgegeven* die een voorwaardelijke opmaak moet krijgen (D5:D14). Selecteer in lint *Start*, groep *Stijlen*, *Voorwaardelijke opmaak*, *Markeerregels voor cellen*, *Groter dan*.
3. Kies in het venster *Groter dan* de cel die als voorwaarde dient, cel C5. Dit betekent: als de eerste cel van ons bereik, D5, groter is dan de geselecteerde cel C5, cel D5 opmaken. Standaard wordt cel C5 absoluut getoond (met $-tekens), maar dan wordt onze gehele selectie vergeleken met die ene cel. Dat is nu niet gewenst, dus verwijder de $-tekens (paar keer op de toets F4 drukken), zodat de cel relatief wordt, zie figuur 8.1. De opmaak wordt direct getoond. Een andere opmaak kan ook in het venster gekozen worden in de keuzelijst, eventueel zelf bepalen via *Aangepaste indeling* (onderste optie in de keuzelijst). Lettertype, rand en opvulling kunnen hier zelf worden bepaald. Kies de standaardopmaak *Lichtrode opvulling met donkerrode tekst* en druk op OK.

Aan de slag met Excel 2016

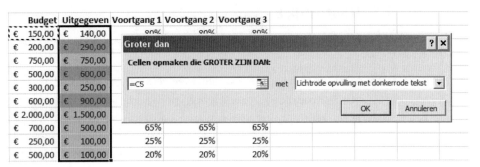

Figuur 8.1

4. Maak de cellen *Uitgegeven* groen, ongeacht voortgang, als de waarde in kolom *Uitgegeven* kleiner is dan het budget.
5. Maak de cellen *Uitgegeven* oranje (geel), ongeacht voortgang, als de waarde in kolom *Uitgegeven* precies gelijk is aan het budget.
6. Selecteer opnieuw de cellen *Uitgegeven* (D5:D14). Kies *Voorwaardelijke opmaak, Regels beheren*. Er volgt een venster waarin de drie voorwaardelijke opmaken staan, zie figuur 8.2. In dit venster is een opmaak toe te voegen, te verwijderen of aan te passen. Als je wat hebt zitten experimenteren, kunnen hier meer dan drie opmaken staan, verwijder die extra opdrachten. Verlaat dit venster.

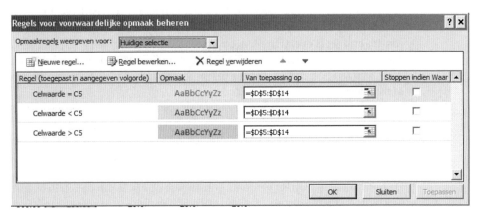

Figuur 8.2

7. Met de kolom *Voortgang* wordt bedoeld hoever het project gevorderd is per deelnemer. Bij 80% voortgang is dus 80% van de taak uitgevoerd. Selecteer de cellen *Voortgang 1*. Kies *Voorwaardelijke opmaak, Kleurenschalen, Kleurenschaal groen-geel-rood*.
8. Selecteer de cellen *Voortgang 1*. Kies *Voorwaardelijke opmaak, Regels beheren*. De gekozen opmaak kleurt nu vloeiend van groen naar rood, op basis van de minimale en maximale waarde in het bereik. Dus, de laagste waarde – in dit voorbeeld 20% – wordt rood en de hoogste waarde – in dit voorbeeld 100% – wordt groen.

Hoofdstuk 8 – Opmaak, lijsten, tijd, beveiliging

9. Nog een voorbeeld. Selecteer de cellen *Voortgang 2*, kies *Voorwaardelijke opmaak*, *Gegevensbalken* (kies de groene). De hoogste waarde in de range, in dit voorbeeld het getal 1 (100%) kleurt de balk maximaal. De andere waarden worden op basis van die hoogste waarde in de range ingeschaald. Zou je dit in kolom *Budget* gebruiken, dan is de cel met waarde € 2000,00 maximaal en de overige cellen zijn naar verhouding.

10. Nog een voorbeeld. Selecteer de cellen *Voortgang 3*, kies *Voorwaardelijke opmaak*, *Pictogramseries, 3 verkeerslichten (zonder rand)*.

11. Selecteer opnieuw de cellen *Voortgang 3*, *Voorwaardelijke opmaak*, *Regels beheren*, *Regel bewerken*, zie figuur 8.3.
Te zien is onder andere dat het groen wordt bij groter dan 67% van de populatie. Wanneer dan groen? Populatie is tussen 20% – 100%, dus totaal 80%. Daar 67% van is 53,3%. Aangezien de laagste waarde 20% is, wordt het groen vanaf 73,3% (20% + 53,3%).

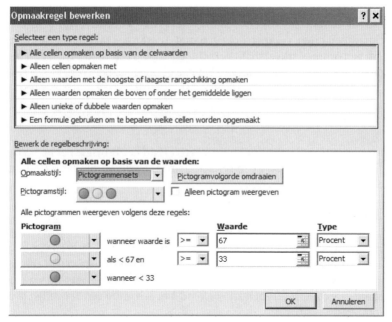

Figuur 8.3

12. Zorg dat vanaf 80% het licht op groen gaat en onder de 25% rood, daartussen geel. Als je percentages gebruikt, bij voorwaardelijke opmaak, dan wordt met 80%, 80% van de populatie bedoeld en krijg je dus veel rekenwerk, zie stap 11. Verander het *Type* in *Getal* (2x), nu wordt niet meer gerekend met percentages van de populatie, maar met de werkelijke waarden in de cellen.

13. Vul bij groen in >= 0,8, als je 80% invoert wordt het automatisch veranderd in 0,8, het zijn nu immers getallen. Vul bij geel in >=0,25. Toon het resultaat, het stoplicht en percentage wordt getoond.

14. Selecteer opnieuw *Voortgang 3*, toon venster *Regels beheren* en kies *Regels bewerken*. Plaats een vinkje bij *Alleen pictogram weergeven*. Toon het resultaat en plaats als laatste de pictogrammen in het midden van de cel, lint *Start*, groep *Uitlijning*.

> **Opmerking**
> Als je al een opmaak hebt en later wil je die opmaak voor andere cellen ook toepassen, kopieer dan die cel en selecteer daarna de cellen die dezelfde opmaak moeten krijgen. Kies vervolgens *Plakken speciaal, Plakken Opmaak*.

Opgave 8.1
1. Open bestand *Opgaven 8.xlsx* en selecteer werkblad *Opgave 8.1*.
2. In kolom *ABC*, moeten de waarden A, B en C, achtereenvolgens groen, geel en rood worden getoond.
3. Indien de jaaromzet van een artikel groter is dan 3 miljoen, wordt de jaaromzet inclusief een groen verkeerslicht getoond. Tussen een jaaromzet van 1 en 3 miljoen wordt een oranje verkeerslicht getoond en anders een rood verkeerslicht.
4. Toon in de kolom *%Cum omzet* een blauwe gegevensbalk.

8.2 Keuzelijsten

Het kan voorkomen dat het handig is in een cel een keuzelijst te hebben. Via die keuzelijst kan dan eenvoudig een selectie gemaakt worden zonder tikfouten. Met een voorbeeld wordt dit toegelicht.

▰▰▰ Voorbeeld 8.2

1. Selecteer in het bestand *Voorbeelden 8.xlsx*, het werkblad *Voorbeeld 8.2*.
   In hoofdstuk 4 is dit voorbeeld al uitgewerkt. Na het intoetsen van een containertype kan omschrijving en handling fee (per unit) worden bepaald via verticaal zoeken. Alle containertypen zijn bekend, het is handig een keuzelijst te hebben in kolom *Type*.
2. Selecteer cellen A6:A13. In die cellen komt de keuzelijst. De keuzelijst is met opzet wat langer gemaakt om meer containertypen in te kunnen voeren
3. Selecteer in het lint *Gegevens*, groep *Hulpmiddelen voor gegevens*, *Gegevensvalidatie*.
4. Kies in het tabblad *Instellingen* in het vak *Toestaan*, de optie *Lijst*, zie figuur 8.4.
5. In het vak *Bron* kan worden aangegeven wat in de keuzelijst getoond moet worden. De verschillende keuzes kunnen, gescheiden door puntkomma's worden ingevoerd. Bijvoorbeeld 2DF;4DF;2FR; etc. Een andere optie is de keuzes selecteren in een werkblad. Selecteer *Bron* en vervolgens in werkblad *Containertype* de cellen C2:C11, zie figuur 8.4. Sluit het venster via *OK*.

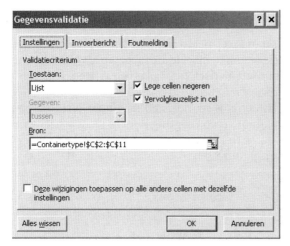

Figuur 8.4

6. Selecteer in werkblad *Voorbeeld 8.2* cel A9 en kies uit de keuzelijst de waarde 2OT. Selecteer nu de cellen B8:C8 en kopieer via de vulgreep de waarden naar rij 9. Vul een aantal in en bereken via de vulgreep van cel E8 het subtotaal.

> **Opmerking**
> - De keuzelijst is te verwijderen, door de cellen te selecteren en in hetzelfde venster, lint *Gegevens*, groep *Hulpmiddelen voor gegevens*, *Gegevensvalidatie*, op de knop *Alles wissen* te klikken. In het vak *Toestaan*, *Alle waarden* selecteren.
> - In het validatievenster kun je ook opgeven dat in een cel (of cellen) een geheel getal moet staan, of een datum, etc. Daarna kun je nog een bereik opgeven. Bijvoorbeeld tussen 1 en 10. Indien een andere waarde wordt ingevoerd, kan in het tabblad *Foutmelding* een foutboodschap worden ingevoerd. Die foutboodschap wordt dan als een pop-up-venster getoond, eventueel voorzien van een vensternaam en een foutsymbool.

Opgave 8.2
1. Open bestand *Opgaven 8.xlsx* en selecteer werkblad *Opgave 8.2*.
   In hoofdstuk 4 is dit voorbeeld al uitgewerkt.
2. Maak een keuzelijst in cel B4. Alle provinciecodes moeten getoond worden. Die zijn te vinden in werkblad *Belasting*.
3. Maak een keuzelijst in cel B5. Alle geldige jaren (2003-2015) moeten getoond worden. Die zijn te vinden in werkblad *Belasting*.

8.3 Rekenen met tijd

Het komt regelmatig voor dat in Excel met tijden gerekend moet worden. Als je een tijd invoert in Excel, bijvoorbeeld 9:00 uur, moet je die invoeren als 9:00 (dus niet 9.00). Het type van de cel wordt dan automatisch *Tijd*. *Tijd* is een aangepast datumtype, dat is te controleren bij *Celeigenschappen*.
Je kunt ook rekenen met tijd. Stel, er is een doelstelling binnen luchtvaartmaatschappij Transavia om binnen 75 minuten een vliegtuig weer de lucht te hebben. Een vliegtuig komt binnen om 10:15 en vertrekt opnieuw om 11:25. Als je die twee tijden van elkaar aftrekt, krijg je 1:10, zie figuur 8.5.

	E2			fx	=D2*(24*60)	
	A	B	C	D	E	F
1	Vliegtuig	In	Uit	Tijd	Minuten	
2	HV123		10:15	11:25	1:10	70
3						

Figuur 8.5

Het toestel is 1 uur en 10 minuten binnen geweest. Er treden problemen op, als je in minuten wilt rekenen. In cel D2 wordt 1:10 getoond, maar in de cel staat het getal 0,048611! Het getal is zichtbaar te maken door het type van de cel te veranderen in *Standaard*. Wat is dat voor een getal? Een dag bestaat uit 24 × 60 minuten (1440 minuten). Het is het dagdeel als fractie (breuk). De tijd 1:10 is 1 × 60 + 10 = 70 minuten. Dat is 70 / 1440 deel (0,048611) van de dag. Zo is 12:00 uur 12 × 60 + 0 = 720 minuten. Dat is 720 / 1440 deel (0,5) van de dag. Door het getal te vermenigvuldigen met 1440 (24 × 60) krijg je het aantal minuten. De tijd 1:10 uur (0,048611) × 1440 = 70 minuten, zie figuur 8.5. 12:00 uur (0,5) × 1440 = 720 minuten.
Andersom, als je 85 minuten hebt, hoeveel uur is dat? Deel die cel door 1440 (24x60) en verander het type van de cel in *Tijd*. In de cel staat dan 1:25.
Datum en tijd kunnen ook samen in een cel worden geplaatst. Selecteer de cel en kies *Celeigenschappen* (rechtermuisknop), kies in het tabblad *Getal* de optie *Datum* en kies bij *Type* de optie 14-03-12 13:30 of kies categorie *Aangepast* en dan bij *Type* de optie d-m-jjjj u:mm. Na het selecteren van het formaat is daar nog dd-mm-jjjj uu:mm van te maken.
Samenvatting: van tijdformaat naar minuten: vermenigvuldigen met 1440. Van minuten naar tijdformaat: delen door 1440 en de celeigenschap veranderen in *Tijd*.

Een voorbeeld zal rekenen met tijd verder toelichten.

▬ Voorbeeld 8.3

1. Selecteer in het bestand *Voorbeelden 8.xlsx*, het werkblad *Voorbeeld 8.3*.
2. Bereken in cel D2 de verwachte vertrektijd op basis van de verwachte duur van het laden/lossen (40 minuten). De cellen B2 en C2 zijn niet zomaar op te tellen. Het antwoord moet een tijdstip worden, dus 40 minuten (een getal) omzetten in tijdformaat, delen door 1440. De formule in cel D2 wordt **=B2+C2/1440**, zie figuur 8.6.

Hoofdstuk 8 – Opmaak, lijsten, tijd, beveiliging

	D2	▼	fx	=B2+C2/1440	
	A	B	C	D	
1	Bedrijf	Verwachte aankomsttijd	Verwachte duur (in min)	Verwachte vertrektijd	
2	P. Paulusma Int. Transport	7:30	40	8:10	
3	HaCas Transport BV	9:00	30	9:30	
4	Dieperink Transport BV	10:10	30	10:40	
5	Hertgers Logistiek	13:15	60	14:15	
6	Visbeen B.V.	16:00	40	16:40	
7	Adriaanse Transport	16:45	90	18:15	

Figuur 8.6

3. Kopieer de verwachte vertrektijd naar de overige opdrachtregels.
4. In cel G2 moet de werkelijke duur van het laden/lossen worden getoond in minuten. De cellen F2 en E2 zijn beide in tijdformaat, dus kunnen direct van elkaar afgetrokken worden. Het antwoord wordt dan tijdformaat, maar moet in minuten komen, dus nog vermenigvuldigen met 1440. De formule in cel G2 wordt: **=(F2-E2)*1440**, zie figuur 8.7. Let op de haakjes, anders gaat het fout! Het antwoord moet het getal 37 zijn en niet het tijdformaat 0:37. Mocht het antwoord het tijdstip 0:00 tonen, dan via *Celeigenschappen* het getaltype *Standaard* selecteren. Kopieer die formule naar de andere opdrachtregels.

	G2	▼	fx	=(F2-E2)*1440					
	A	B	C	D	E	F	G	H	I
1	Bedrijf	Verwachte aankomsttijd	Verwachte duur (in min)	Verwachte vertrektijd	Aankomsttijd	Vertrektijd	Duur (in min)	Verschil Laadlostijd (in minuten)	Aankomsttijd OK?
2	P. Paulusma Int. Transport	7:30	40	8:10	7:22	7:59	37	3	OK
3	HaCas Transport BV	9:00	30	9:30	9:28	9:53	25	5	OK
4	Dieperink Transport BV	10:10	30	10:40	10:33	11:11	38	8	OK
5	Hertgers Logistiek	13:15	60	14:15	13:13	14:40	87	27	Niet OK
6	Visbeen B.V.	16:00	40	16:40	16:08	16:51	43	3	OK
7	Adriaanse Transport	16:45	90	18:15	16:45	18:26	101	11	Niet OK
8									
9						Gemiddeld verschil:		9,5	

Figuur 8.7

5. In cel H2 moet het verschil tussen de verwachte laad/lostijd en de werkelijke laad/lostijd in minuten worden getoond. Beide in minuten (standaard getallen), dus ze kunnen direct van elkaar afgetrokken worden. Het verschil moet altijd een positief getal opleveren. De cellen G2 en C2 moeten van elkaar worden afgetrokken. Via de functie *ABS()* kan een negatieve waarde worden omgezet in een positieve waarde, bijvoorbeeld -6, wordt 6 en 7 blijft 7. De functie *ABS()* is eerder toegepast in opgave 7.2. De afkorting ABS staat voor het wiskundige absoluut maken (een negatief getal wordt omgezet naar een positief getal, het minteken wordt verwijderd). De formule in cel H2 wordt: =ABS(G2-C2). Kopieer die formule naar de andere opdrachtregels.
6. Als het verschil tussen de verwachte laadlostijd en werkelijke laadlostijd minder is dan 10 minuten, is het oké en anders niet. Toon in kolom *Aankomsttijd OK* de tekst OK of Niet OK. In cel I2 staat =ALS(H2<10;"OK";"Niet OK").
7. Plaats in cel F9 de tekst **Gemiddeld verschil:** en in cel H9 het gemiddelde verschil.

> **Opmerking**
> - Als je het tijdformaat kiest uit het lint *Start*, groep *Getal*, wordt het getoond inclusief seconden. Vaak is dat niet nodig, kies via *Celeigenschappen* (rechtermuisknop) de categorie *Tijd* en bij *Type* de optie 13:30.
> - Als je minuten hebt met een decimaal en je zet dat om naar een tijdformaat (delen door 1440 en type van de cel *Tijd*), worden ook seconden getoond. Bijvoorbeeld 128,5 minuten wordt 2:08:30.
> - In vergelijkingen kun je het type *Tijd* niet toepassen. Bijvoorbeeld, in de functie ALS() kun je bij de voorwaarde (logische test) niet A13<12:00 opgeven. Dat moet dan worden omgezet naar een getal, dus A13<0,5.
> - De functie ABS() is toegepast om een gemiddeld te vroeg of te laat te bepalen.

Opgave 8.3

1. Open bestand *Opgaven 8.xlsx* en selecteer werkblad *Opgave 8.3*.
   De NS streeft ernaar om 95% van de treinen op tijd te laten vertrekken. De NS houdt wel een bandbreedte aan. Vanaf vier minuten later vertrekken is pas sprake van een latere vertrektijd. Een aantal studenten heeft op Den Haag HS een steekproef genomen voor de treinen richting Schiphol. De tijden zijn vermeld.
2. Bepaal in kolom *Verschil (in min.)* het verschil in minuten tussen de geplande vetrektijd en de werkelijke vertrektijd. (Antwoord: cel C7: 1 en niet 0:01.) Let op dat minuten geen tijdtype is maar een standaardgetal.
3. Bepaal in cel F5 het totaal aantal metingen (functie AANTALARG() of AANTAL(), antwoord: 31).
4. Bepaal in cel F6 het aantal metingen waarbij het verschil kleiner is dan 4 minuten. (Antwoord: 27.)
5. Bepaal in cel F7 het percentage op tijd. (Antwoord: 87,1%.)

8.4 Beveiliging

Werkbladen kunnen worden beveiligd tegen het aanbrengen van ongewenste wijzigingen. Ook wijzigingen in de werkmap (de tabbladen) kunnen beperkt worden. Beide worden toegelicht.

Als anderen jouw werkbladen gaan gebruiken, kunnen die de gebruikte formules zien. Ook kunnen per ongeluk (of opzettelijk) belangrijke gegevens of formules worden gewijzigd. Als dat niet wenselijk is, kun je het werkblad beveiligen.
Het is mogelijk formules niet te tonen, wel de uitkomsten van de berekeningen. Ook is het mogelijk alle cellen te vergrendelen, behalve de cellen die gewijzigd mogen worden. Een vergrendelde cel kan niet gewijzigd worden.

Het beveiligen van een werkblad gaat in twee stappen. Eerst geef je aan welke cellen niet vergrendeld worden en in welke cellen formules niet gezien mogen worden. Daarna beveilig je het hele werkblad. Alleen de cellen die je in de eerste stap hebt geselecteerd, kunnen nog gewijzigd worden.

Bij het beveiligen kan eventueel een wachtwoord worden ingevoerd. Diegene die het wachtwoord kent, kan de vergrendelde cellen aanpassen. Let wel op, als je het wachtwoord niet meer weet, heb je een probleem. Als je werkblad klaar is, maak dan een kopie. Die kopie kun je beveiligen en door collega's laten gebruiken. Mocht je het wachtwoord niet meer weten, dan heb je altijd nog het origineel. Het beveiligen met een wachtwoord is optioneel, gebruik je het niet, dan kan iedereen met de kennis die je in deze paragraaf opdoet, de beveiliging ongedaan maken! Met een voorbeeld wordt het beveiligen van een werkblad (en werkmap) toegelicht.

Voorbeeld 8.4

1. Selecteer in het bestand *Voorbeelden 8.xlsx*, het werkblad *Voorbeeld 8.4*.
   De cellen die een grijze achtergrond hebben mogen gewijzigd worden. De andere cellen niet. Bovendien wil je de formules, ook al zijn die nu niet erg ingewikkeld, niet tonen.
2. Selecteer in het lint *Controleren*, groep *Wijzigingen*, de knop *Blad beveiligen* om het gehele werkblad te beveiligen. Er verschijnt een venster, zie figuur 8.8. Je kunt een wachtwoord invoeren, als beveiliging. Degenen die het wachtwoord kennen, kunnen de beveiliging uiteraard opheffen. Je voert nu geen wachtwoord in. Verder wordt een optielijst getoond, waarin je kunt aangeven wat een gebruiker van het werkblad nog wel mag doen. Standaard alleen alle cellen selecteren (vergrendeld of niet vergrendeld). Klik op *OK*.

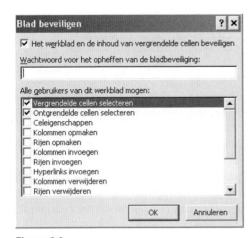

Figuur 8.8

3. Probeer nu in een willekeurige cel een waarde te veranderen. Er volgt een foutmelding, alle cellen zijn geblokkeerd. Ook de grijze cellen, die wel gewijzigd mogen worden. Die moeten juist 'open gezet' worden of ontgrendeld.

4. Selecteer in het lint *Controleren*, groep *Wijzigingen*, en druk op de knop *Beveiliging blad opheffen*. Alle cellen zijn weer te bewerken. Als je een wachtwoord had ingevoerd, zou nu het wachtwoord gevraagd worden.
5. Selecteer nu met de Ctrl-toets ingedrukt, alle cellen met een grijze achtergrond. Dat zijn de cellen die straks wel gewijzigd mogen worden. Selecteer vervolgens met de rechtermuisknop *Celeigenschappen* en selecteer het tabblad *Bescherming*, zie figuur 8.9. Alle cellen hebben standaard deze instelling. Als het werkblad wordt beveiligd, zijn alle cellen *Geblokkeerd* (zie vinkje) en formules in de cellen zijn niet *Verborgen* (geen vinkje), dus zichtbaar!

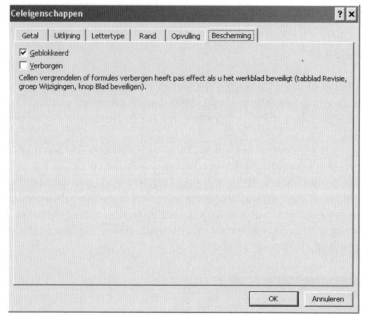

Figuur 8.9

6. Voor de cellen die nu geselecteerd zijn, haal je het vinkje bij *Geblokkeerd* weg. Alleen die cellen zijn dan niet meer geblokkeerd. Er staan nu dus geen vinkjes meer. Klik op *OK*.
7. Klik nu weer op de knop *Blad beveiligen* in het lint *Controleren*, zonder wachtwoord. Alleen de grijze getallen zijn nu te wijzigen.
8. De formules in de overige cellen zijn nog zichtbaar. Hef de beveiliging van het werkblad op, knop *Beveiliging blad opheffen*. Selecteer nu alle cellen waarin de formules staan (Ctrl-toets ingedrukt houden), selecteer *Celeigenschappen* en kies tabblad *Bescherming*.
9. Plaats een vinkje bij *Verborgen*, de formules van de geselecteerde cellen worden verborgen. Uiteraard blijft de cel geblokkeerd, dus er staan nu twee vinkjes.

Hoofdstuk 8 – Opmaak, lijsten, tijd, beveiliging

10. Beveilig het werkblad weer, via de knop *Blad beveiligen*. Selecteer de cellen waarin formules staan en constateer dat die niet meer zichtbaar zijn. Alleen de grijze cellen zijn te selecteren en de formules zijn niet meer te zien.
11. Selecteer in het lint *Controleren*, groep *Wijzigingen*, de optie *Werkmap beveiligen*. Er volgt een venster met twee opties *Structuur* en *Venster*, bovendien is optioneel een wachtwoord in te voeren, zie figuur 8.10.
    Als *Structuur* is geselecteerd, kunnen werkbladen niet verwijderd worden, geen nieuwe werkmap gemaakt worden, verplaatst worden, etc. Als *Venster* is geselecteerd blijft het venster van het werkblad altijd in het standaardformaat en op dezelfde plaats. Het venster is dan niet te verkleinen en te verplaatsen. Accepteer de standaardinstelling (vinkje bij *Structuur* en geen vinkje bij *Venster*).

Figuur 8.10

Opmerking
- De wachtwoorden zijn in dit voorbeeld niet gebruikt voor de demonstratie, maar moeten voor de beveiliging wel ingevoerd worden. Zonder wachtwoord kan iedereen de beveiliging eraf halen.
  Het is bij de introductie van deze paragraaf al gemeld, maar omdat het belangrijk is nog maar een keer. Als je het wachtwoord niet meer weet, heb je een probleem. Als je werkblad klaar is, maak dan een kopie. Die kopie kun je beveiligen en door collega's laten gebruiken. Mocht je het wachtwoord niet meer weten, dan heb je altijd nog het origineel.
- Een nog betere beveiliging tegen onbevoegden is het gehele bestand (werkmap) beveiligen met een wachtwoord. Alleen met een wachtwoord is het bestand dan te openen. Selecteer tabblad *Bestand, Info, Werkmap beveiligen, Versleutelen met wachtwoord*. Vanzelfsprekend, houd een onbeveiligde kopie!

Opgave 8.4
1. Open bestand *Opgaven 8.xlsx* en selecteer werkblad *Opgave 8.4*.
2. Beveilig het werkblad op een manier dat alleen de cellen B3:B7 nog gewijzigd kunnen worden.
3. Zorg ervoor dat de formule in cel B8 niet wordt getoond.
4. Beveilig de werkmap, zodat onder andere geen werkbladen toegevoegd of verwijderd kunnen worden.

Hoofdstuk 9
Macro's

Met macro's kun je regelmatig terugkerende handelingen (acties) automatisch laten uitvoeren in Excel. Die acties kunnen eenvoudig zijn of zeer ingewikkeld. De taal waarin dat geschreven wordt heet Visual Basic for Applications (VBA). De code van die taal (VBA-code) is ingewikkeld en valt buiten dit boek. Toch kun je gebruik maken van macro's. Stel, je krijgt van een afdeling iedere dag een groot Excel-bestand met daarin de verkoopgegevens van de vorige dag. Drie kolommen zijn voor jouw afdeling niet van toepassing, die verwijder je iedere dag. Vervolgens filter je de gegevens, zodat alleen gegevens van jouw afdeling zichtbaar zijn. Als laatste kopieer je de gegevens naar een nieuw werkblad. Die handelingen kun je opslaan in een macro en vervolgens iedere dag die macro 'starten'. De handelingen worden dan automatisch opnieuw uitgevoerd. De toetsaanslagen en muisklikken worden 'opgenomen' en kunnen vervolgens onbeperkt afgespeeld (gestart) worden. De toetsaanslagen en muisklikken worden automatisch vertaald in VBA-code en opgeslagen. Door een druk op een knop worden de handelingen dan automatisch afgespeeld.

Er zijn ook macro's – de meeste – die niet zijn opgenomen, ze zijn speciaal voor een bepaald doel gemaakt in VBA-code.

Macro's zijn ook op het internet te vinden; die kun je importeren en vervolgens gebruiken. Er zijn vele macro's op het internet beschikbaar. Die macro's zijn vaak zeer complex, bijvoorbeeld in Excel gemaakte grafieken automatisch overzetten naar PowerPoint of een complete routeplanning die uit twee ingevoerde plaatsnamen of postcodes de afstand uitrekent! Je hoeft niet te weten hoe de macro werkt, je moet weten hoe die geïmporteerd en gestart kan worden.

Er worden drie voorbeelden uitgewerkt, twee hoe je een macro opneemt en meerdere malen kunt afspelen. Als laatste een macro die op het internet is gevonden. Die wordt geïmporteerd en vervolgens gebruikt.

Voorbereiding

Het lint *Ontwikkelaars* is standaard niet zichtbaar. Dat lint heb je nodig voor de macro's van paragraaf 9.2. Selecteer *Bestand, Opties, Lint aanpassen*, kies in de keuzelijst van *Het lint aanpassen* voor *Hoofdtabbladen* en plaats onder *Hoofdtabbladen* een vinkje bij *Ontwikkelaars*. Het lint *Ontwikkelaars* is nu zichtbaar.

Binnen dit hoofdstuk wordt gebruik gemaakt van dat lint, maar een macro is ook te starten via het lint *Beeld*, groep *Macro's*, zodat ook derden de macro kunnen starten, zonder het lint *Ontwikkelaars*.

9.1 Macro's opnemen

Als je vaak dezelfde handelingen moet uitvoeren in Excel, kun je van die handelingen een macro maken. In die macro worden de handelingen die je in Excel uitvoert opgeslagen. Vervolgens kan de macro op ieder moment gestart worden, de handelingen worden dan automatisch uitgevoerd.

Het volgende voorbeeld wordt uitgewerkt. Je krijgt iedere dag van een collega een Excel-bestand met gegevens. Je hebt niet al die gegevens nodig. Je plaatst iedere dag een filter op de gegevens, de kolomteksten maak je volledig leesbaar, je verbergt twee kolommen die, voor jouw afdeling, er niet toedoen. Je zorgt ervoor dat de eerste rij vergrendeld wordt en vet wordt getoond.

▬▬▬ Voorbeeld 9.1

1. Selecteer in het bestand *Voorbeelden 9.xlsx*, het werkblad *Voorbeeld 9.1*.
2. Kies in het lint *Ontwikkelaars*, groep *Programmacode*, *Macro opnemen*. Er verschijnt een venster, zie figuur 9.1.
3. De macro moet een naam hebben. Kies *Voorbeeld1*, zonder spatie, een macronaam mag geen spaties en punten bevatten. Als de macro opgenomen is, kan die eventueel gestart worden met een sneltoets. Let op dat je geen letters gebruikt die al gebruikt worden door het besturingssysteem, bijvoorbeeld Ctrl+C. Als je een hoofdletter invoert, wordt de sneltoets Ctrl+Shift+letter. Kies hoofdletter A (willekeurig gekozen), dus totaal Ctrl+Shift+A.
4. Bij *Macro opslaan in* moet opgegeven worden waar de macro wordt opgeslagen. *Deze werkmap* bekent dat de macro in het huidige Excel-bestand wordt opgeslagen (ingesloten). De macro is dan in een ander (nieuw) Excel-bestand onbekend en dus niet te starten. Alleen in het huidige bestand is die te starten. *Persoonlijke macrowerkmap* betekent dat de macro in een speciale werkmap (Personal.xlsb) op de computer wordt opgeslagen. De macro is dan in ieder ander Excel-bestand, op dezelfde computer, te starten, zie ook de opmerkingen onder dit voorbeeld. *Nieuwe werkmap* betekent dat in een nieuw Excel-bestand (werkmap) de macro wordt opgeslagen. Kies *Deze werkmap* en klik op *OK*.

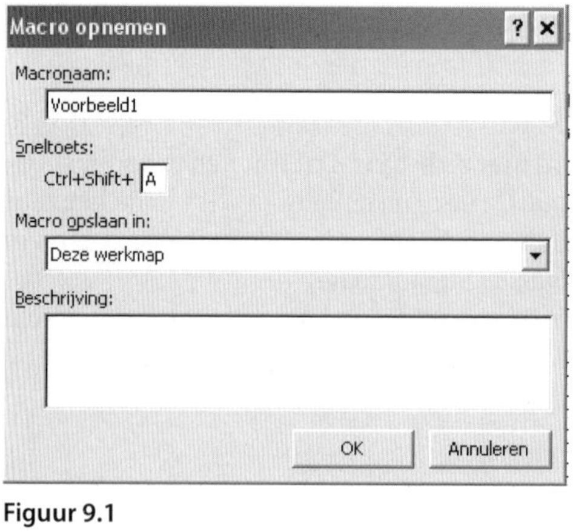

Figuur 9.1

5. Alles wat je nu selecteert en invoert wordt opgeslagen. Selecteer kolom *Container* (kolom J) en plaats een filter op *40 HC*.
6. Selecteer de kolommen *A* tot en met *N* en kies in het lint *Start*, groep *Cellen*, *Opmaak*, *Kolombreedte AutoAanpassen*.
7. Verberg kolom *Amount* (kolom F) en kolom *Week* (kolom K), via rechtermuisknop *Verbergen*.
8. Selecteer vervolgens de eerste rij (alle kopteksten) en maak die vetgedrukt.
9. Selecteer cel B2 en kies in het lint *Beeld*, groep *Venster*, *Blokkeren*, *Titels blokkeren*.
10. Selecteer als laatste cel A2. Beëindig de opname door linksonderaan op de knop *Stop* te klikken, zie figuur 9.2.

Figuur 9.2

11. Om te testen of de macro werkt, moeten alle wijzigingen ongedaan worden gemaakt. Verwijder het filter, toon de verborgen kolommen weer door de kolommen te selecteren en via de rechtermuisknop te kiezen voor *Zichtbaar maken*. Verwijder in de eerste rij het vetafdrukken en hef de titelblokkering op. Maak ten slotte enkele kolommen smaller.
12. De macro is te starten via het lint *Ontwikkelaars*, groep *Programmacode*, *Macro's*, selecteer de macro en klik op *Uitvoeren*. De macro is ook direct via de sneltoets Ctrl+Shift+A te starten (de sneltoets is te wijzigen via het macrovenster, knop *Opties*). Als de macro niet goed functioneert, kan die in het macrovenster verwijderd worden. Daarna opnieuw beginnen bij stap 2.
13. Probeer het bestand nu op te slaan, er volgt een foutmelding. Excel-bestanden met macro's kunnen niet opgeslagen worden met het standaardbestandtype *.xlsx*. Kies je *Ja* bij de foutmelding, dan wordt de macro verwijderd uit het bestand! Kies je *Nee*, dan moet je in het volgende venster bij *Opslaan als* kiezen voor *Excel-werkmap met macro's (*.xlsm)*.
14. Sla het bestand op met macro, dus kies *Nee* en bij *Opslaan als* de optie *Excel-werkmap met macro's (*.xlsm)* selecteren.

> **Opmerking**
> - Een macro is zichtbaar te maken of te verwijderen via het macrovenster. Klik op *Bewerken* in het macrovenster en de macro wordt getoond, zie figuur 9.3. Je ziet nu de VBA-code die gemaakt is van onze opname. Je begrijpt meteen waarom het invoeren van VBA-code (handmatig) een ingewikkelde zaak is, dat buiten dit boek valt. Een kleine fout zou je hier kunnen wijzigen, bijvoorbeeld in de laatste regel een andere cel selecteren, maar meestal is het verstandig de macro te verwijderen en opnieuw een opname te maken. Sluit de VBA-editor.

```
(Algemeen)                                              Voorbeeld1
Sub Voorbeeld1()

' Voorbeeld1 Macro
'
' Sneltoets: Ctrl+Shift+A
'
    Columns("J:J").Select
    Selection.AutoFilter
    ActiveSheet.Range("$J$1:$J$200").AutoFilter Field:=1, Criteria1:="40 HC"
    Columns("A:N").Select
    Selection.Columns.AutoFit
    Range("F:F,K:K").Select
    Range("K1").Activate
    Selection.EntireColumn.Hidden = True
    Rows("1:1").Select
    Selection.Font.Bold = True
    Range("B2").Select
    ActiveWindow.FreezePanes = True
    Range("A2").Select
End Sub
```

Figuur 9.3

- In dit voorbeeld is de macro opgeslagen in de werkmap van het Excel-bestand, zie stap 4. Nu kan iedereen die macro uitproberen. Zou gekozen zijn voor *Persoonlijke macrowerkmap*, dan was de macro opgeslagen op de computer waarop het bestand is gemaakt en kan niemand anders die macro gebruiken. Als je macro's maakt die in meerdere Excel-bestanden gebruikt kunnen worden, kies dan opslaan in *Persoonlijke macrowerkmap*. Lees ook de volgende opmerking.
- Als je een macro opslaat in je *Persoonlijke macrowerkmap* staat in het macrovenster niet bijvoorbeeld *Voorbeeld1*, maar PERSONAL. XLSB!Voorbeeld1. Door de macro op te slaan in een persoonlijke macrowerkmap, worden alle macro's die je maakt, in de map *personal.xlsb* opgeslagen. Vandaar dat de naam van die map ook is genoemd. Dat bijzondere Excel-bestand wordt onzichtbaar (verborgen) geopend als je Excel start, zie ook de volgende opmerking.
- Als de macro is opgeslagen in de persoonlijke werkmap, zijn in het macrovenster de knoppen *Bewerken* en *Verwijderen* niet te gebruiken. Je krijgt een foutmelding over een verborgen bestand, *personal.xlsb*. Je mag in een verborgen bestand geen wijzigingen aanbrengen, dus ook niet verwijderen. Je kunt het verborgen bestand zichtbaar maken. Selecteer in het lint *Beeld*, groep *Venster*, knop *Venster zichtbaar maken*. Er verschijnt een venster met alle verborgen vensters, selecteer PERSONAL. XLSB. Het Excel-bestand wordt zichtbaar, het lijkt leeg, maar de macro's zijn daarin opgeslagen. Selecteer werkmap *Voorbeeld 9.1*. Kies nu opnieuw in lint *Ontwikkelaars* de knop *Macro's* om het macrovenster te openen en kies *Bewerken* (of *Verwijderen*). De macro wordt geopend en kan bewerkt worden. Sluit na het bewerken het venster. Selecteer daarna de werkmap PERSONAL.XLSB en maak dit bestand weer onzichtbaar, via het lint *beeld*, groep *Venster*, knop *Venster verbergen*.

> - In de voorbeelden van dit hoofdstuk worden de macro's opgeslagen in *Deze werkmap*, zie stap 4.
> - Een Excel-bestand met een macro kan een beveiligingswaarschuwing tonen, waarin staat dat de macro's zijn uitgeschakeld. Als je het bestand vertrouwt, kun je klikken op *Inhoud inschakelen*.

Opgave 9.1
1. Open bestand *Opgaven 9.xlsx* en selecteer werkblad *Opgave 9.1*.
   Dit is een lege werkmap waarin via een macro automatisch in de eerste regels een bedrijfslogo, bedrijfsnaam en adresgegevens worden geplaatst.
2. Maak een macro (opnemen) met de naam *Opdracht1* en sla die op in *Deze werkmap*. De macro moet ook te activeren zijn met de sneltoets Ctrl+Shift+B.
3. Selecteer rij 1 tot en met 3 en kies *Invoegen* via de rechtermuisknop. Selecteer daarna cel A1.
4. Plaats een bedrijfslogo via het lint *Invoegen*, groep *Illustratie*, *Afbeeldingen* het bestand *BMW logo.jpg* (via de webportal van dit boek op AcademicX te downloaden of kies een ander plaatje).
5. In cel C1 moet de naam van het bedrijf komen, *Autobedrijf Den Hoed* in tekengrootte 18 en vetgedrukt.
6. Plaats in cel C2 het adres en in cel C3 de postcode en woonplaats.
7. De titel moet vanaf rij 4 geblokkeerd worden. Stop de macro.
8. Sla het bestand op. Let op, er zit een macro in, dus kiezen voor *Excel-werkmap met macro's (*.xlsm)*, zie *Voorbeeld 9.1*.

> **Opmerking**
> De eerste macroactie voegt eerst drie rijen in. Als je deze macro toepast in een bestaand werkblad, schuift het bestaande model eerst drie rijen naar beneden om ruimte te maken voor de koptekst.

▰ Voorbeeld 9.2

De macro in Voorbeeld 9.1 is absoluut. Hij voert precies uit wat je hebt ingevoerd. Als je bijvoorbeeld rij 1 vet maakt, is het altijd rij 1 die vet wordt gemaakt. Maar je kunt een macro maken met relatieve acties, bijvoorbeeld, de rij die actief is, vet maken.
Stel je moet regelmatig bepaalde cellen rood maken, vervolgens vet en ten slotte moet de tekengrootte naar 14. Dat zijn drie handelingen. Hier kun je een macro van maken. Als je een macro absoluut maakt, wordt die bijvoorbeeld alleen op cel B5 uitgevoerd. Maar deze macro moet op iedere actieve cel kunnen werken.
1. Selecteer in het bestand *Voorbeelden 9.xlsx*, het werkblad *Voorbeeld 9.2*.
2. Kies in het lint *Ontwikkelaars*, groep *Programmacode*, de knop *Relatieve verwijzingen gebruiken*. Die knop krijgt nu een andere achtergrondkleur, waaraan je kunt zien dat relatieve verwijzingen is geactiveerd.

3. Selecteer cel B3 en kies via het lint *Ontwikkelaars*, groep *Programmacode*, *Macro opnemen*.
4. Naam *Voorbeeld2*, sneltoets Ctrl+Shift+R en opslaan in *Deze werkmap*.
5. Selecteer opnieuw cel B3, het selecteren van die cel zit nu dus in de opname.
6. Maak via het lint *Start*, groep *Lettertype*, de tekst in de cel rood, vet en tekengrootte 14. Stop de macro. De opname is dus: cel B3 selecteren en daarna die cel andere eigenschappen geven.
7. Selecteer cel F6 en start de macro (Ctrl+Shift+R) of via het macrovenster. Nu wordt toch cel F6 van de andere eigenschappen voorzien en niet cel B3. Dat komt omdat de opname relatief is geweest. Dus cel B3 zit niet in de opname, maar de actieve cel.
8. Selecteer cel J1 en start de macro.

> **Opmerking**
> - De knop *Relatieve verwijzingen gebruiken* blijft geactiveerd, dus als je een nieuwe macro maakt, controleer dan of die knop aan of uit staat. Bovendien kun je absoluut en relatief combineren. Bijvoorbeeld eerst een deel absoluut en daarna kun je in de macro een aantal acties relatief maken door de knop *Relatieve verwijzingen gebruiken* te activeren.
> - Als je veel macro's gemaakt hebt en die wil je snel kunnen kiezen, voeg het macrovenster toe aan de sneltoetsen, linksboven in het venster. Kies *Bestand*, *Opties*, *Werkbalk Snelle toegang* en voeg *Macro's weergeven* toe. Die staat nu naast de sneltoetsen *Opslaan* en *Ongedaan maken*.
> - Voer een formule, getal of tekst, tijdens het opnemen van een macro, in via de formulebalk en sluit af met het akkoordsymbool in de formulebalk (symbool vóór het wiskunde functiesymbool), zie figuur 9.4. Hiermee voorkom je dat er onbewuste celverwijzingen worden opgenomen of de Enter-toets.

| × ✓ *fx* | Voer hier je formule, getal of tekst in. |

Figuur 9.4

Opgave 9.2
1. Open bestand *Opgaven 9.xlsx* en selecteer werkblad *Opgave 9.2*.
   Deze macro moet relatief gemaakt worden, dus controleer in het lint *Ontwikkelaars*, groep *Programmacode* of de knop *Relatieve verwijzingen gebruiken* actief is.
2. Maak macro *Opdracht2*, sneltoets Ctrl+Shift+F, die op een willekeurige geselecteerde kolom of op aaneengesloten kolommen een filter plaatst en daarna de kolombreedte automatisch passend maakt.

> **Opmerking**
> Als al een filter actief was, wordt die door deze macro verwijderd, dan twee keer de macro starten.

9.2 Macro's importeren

Op het internet zijn vele macro's voor Excel te vinden. Van bijzondere functies tot routeplanners. Als je iets nodig hebt, is het te vinden. Er is gezocht op internet naar een macro die reisafstand en reistijd berekent, over de weg, op basis van twee plaatsnamen of postcodes (ook buitenlandse). Informatie over de macro wordt vaak toegevoegd. De macro is een tekstbestand, dat alleen nog geïmporteerd moet worden.

Voorbeeld 9.3

1. Selecteer in het bestand *Voorbeelden 9.xlsx*, het werkblad *Voorbeeld 9.3*.
2. Selecteer in het lint *Ontwikkelaars*, groep *Programmacode*, *Visual Basic*. De VBA-editor wordt geopend, zie figuur 9.5. De twee eerder gemaakte macro's zijn ook zichtbaar (*Voorbeeld1* en *Voorbeeld2*). De macro's staan in een *Module*, in dit voorbeeld *Module1*. Als er nog geen module is, zie opmerkingen.

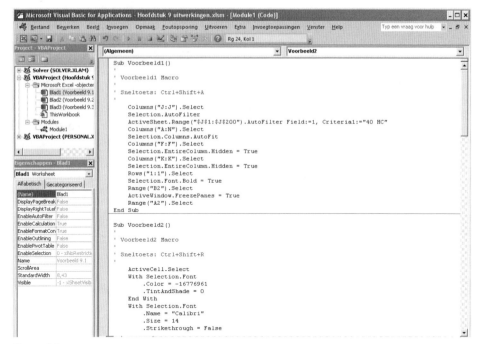

Figuur 9.5

3. Verplaats de cursor naar het einde van de bestaande VBA-code in *Module1*, onder *End Sub* van *Voorbeeld2*.
4. Open het tekstbestand *Voorbeeld 9.3.txt* dat beschikbaar is via de portal van dit boek op www.academicX.nl. Hierin staat de VBA-code van de gewenste functie. Kopieer de volledige tekst uit het bestand *Voorbeeld 9.3.txt* (Ctrl+A en Ctrl+C) en plak dat onder de bestaande VBA-code in de VBA-editor. De macro begint met *Function GetDistance(Van, Naar)*.

5. De functie maakt gebruik van *Microsoft XML 6.0*, stond in de toelichting op internet. Om dat te activeren moet een verwijzing gemaakt worden. Selecteer in de VBA-editor *Extra, Verwijzingen, Microsoft XML,v6.0*, zie figuur 9.6. Sluit de VBA-editor.

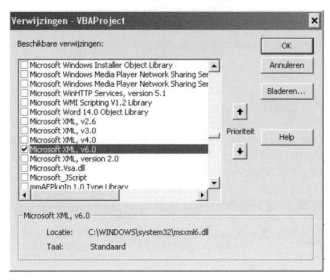

Figuur 9.6

6. Er zijn nu twee extra functies door de macro beschikbaar gekomen *GetDistance()* (in meters) en *GetDuration()* (in seconden). Deze functies werken precies hetzelfde als de standaardfuncties, ook het argumentenvenster is te gebruiken.
7. Selecteer cel B5 en type **=Get** en dubbelklik op de zojuist geïmporteerde functie *GetDistance()*. Klik vervolgens op het wiskundige functiesymbool in de formulebalk en het argumentenvenster verschijnt.
8. Selecteer de cellen B3 en B4 en sluit het venster, de afstand verschijnt.
9. Selecteer cel B6 en bepaal de tijdsduur in seconden van de reisafstand, via de functie *GetDuration()*.
10. Selecteer cel D5 en bepaal de reisafstand in kilometers.
11. Selecteer cel D6 en bepaalde reisduur in uren. Delen door 3600 of delen door (60 * 24*60) en dan het type van de cel op tijd zetten (zie paragraaf 8.3).

> **Opmerking**
> - Voor de twee functies moet een internetverbinding aanwezig zijn. De functie maakt namelijk gebruik van GoogleMaps. Hiermee zijn ook afstanden buiten Europa te bepalen.
> - Ingevoerde postcodes en plaatsnamen moeten wel bestaan.
> - Als er nog geen macro in het Excel-bestand aanwezig is, dan bestaat er nog geen Module in de VBA-Editor. Selecteer dan in de VBA-Editor, *Invoegen, Module*. Je krijgt een blanco venster waarin de VBA-code geplakt kan worden.

> - Het is ook mogelijk de VBA-code direct te importeren. Kies in de VBA-Editor *Bestand, Bestand importeren*, selecteer bij *Bestandstypen* de optie *Alle bestanden (*.*)* en selecteer het bestand *Voorbeeld 9.3.txt*. Het wordt dan automatisch in een Module geplaatst.

Opgave 9.3
1. Open bestand *Opgaven 9.xlsx* en selecteer werkblad *Opgave 9.3*.
   Het kan voorkomen dat je een aantal unieke waarden moet tellen. Die functie is niet direct beschikbaar in Excel. Op internet is gezocht naar een macro die unieke waarden kan tellen. De VBA-code van die macro is opgeslagen onder *Opgave 9.3.txt*. Voor deze macro is het niet noodzakelijk om een verwijzing te hebben. In het werkblad staan de gegevens van een drankengroothandel.
2. Importeer de macro waarmee uniek waarden geteld kunnen worden. De macro is een functie en heeft als functienaam *AANTALUNIEK*. Deze staat nu onder de twee eerder gemaakte macro's in de VBA-editor, zie figuur 9.5. De functie *AANTALUNIEK()* is nu gewoon te openen als iedere andere functie in Excel, inclusief argumentenvenster.
3. Bepaal in cel B62 het aantal (unieke) klanten. (Antwoord: 12.)
4. Bepaal in cel C62 het aantal (unieke) plaatsen waar de klanten zijn gevestigd. (Antwoord: 8.)
5. Bepaal in cel I62 het aantal verschillende soortnamen dat is geleverd. (Antwoord: 24.)
6. Bepaal in cel J62 het aantal verschillende jaren van de wijnen die zijn geleverd. Merk op dat lege waarden niet worden geteld. (Antwoord: 11.)

Index

Symbolen
5
3D draaiing 66
.xlsm 111
.xlsx 111

A
Absolute macro 113
Absolute verwijzing 12
Ander grafiektype 63
As opmaken 69
AutoFilter 14
Automatische getallenreeks 56

B
Bestand beveiligen 107
Beveiliging 104
    werkblad 105
    werkmap 107

C
Cel 1
Celeigenschappen 8
Cellen blokkeren 106
Celwijzer 1, 3
Cirkeldiagrammen 61

D
Datumfilters 16
Decimalen 7
Degroeperen. 79
Dienstjaren bepalen 52
Draaitabel 79
    Filters 79
    grafiek 82
    Kolommen 79
    Rijen 79
    Waarden 79

E
Exponentiële trend 73

F
Filteren 14
Financiële getalnotatie 2
Forecasten 71
Formulebalk 3
Formules verbergen 106
Foutmelding 101
Frequentietabel 54
Functies
    AANTAL() 34
    AANTAL.ALS() 34
    AANTALARG() 34
    AANTALLEN.ALS() 42
    AANTALUNIEK() 117
    ABS() 95
    AFRONDEN() 29
    AFRONDEN.NAAR.BENEDEN() 30
    AFRONDEN.NAAR.BOVEN() 30
    BET() 21
    DATUMVERSCHIL(). 52
    EN() 40
    GEMIDDELDE() 6
    GEMIDDELDE.ALS() 35
    GEMIDDELDEN.ALS() 43
    HORIZ.ZOEKEN() 53
    HW() 27
    MAX() 6
    MIN() 6
    NORM.S.INV() 53
    NPER() 21
    NU() 47
    OF() 40
    RENTE() 21
    SOM() 5
    SOM.ALS() 35
    SOMMEN.ALS() 43
    STDEV.P() 48
    STDEV.S() 48
    SUBSTITUEREN() 20
    SUBTOTAAL() 16
    TREND().) 72
    TW() 27
    VANDAAG() 47
    VERT.ZOEKEN() 45
    VOORSPELLEN.ETS() 74
    VOORSPELLEN.ETS.CONFINT() 75
    VOORSPELLEN.LINEAR() 72
    WORTEL() 6

G
Gegevenslabels opmaken 67, 69
Gegevenstype 8
Gegevensvalidatie 101
Gestapelde kolom 64
Gestreepte rijen 82
Getalfilters 16
Getallenreeks maken 56
Grafieken 61
Grafiekstijlen 63
Grafiektype 63
Grafiek verplaatsen 63
Groen driehoekje 9

H
Horizontale as 61
Huidige waarde 27
Hulpmiddelen voor grafieken 62

I
Invoeren berekening 3

K
Keuzelijsten 100
Kleurenschalen 98
Kolombreedte 1
    AutoAanpassen 16
Kolomdiagrammen 61

Kolommen 1
　invoegen 48
　verbergen 48
　verwijderen 48
　zichtbaar maken 48
Koptekst verticaal 49
Korte datumnotatie 51
KPI's 54

L
Leeftijd bepalen 52
Legenda 63
Lijndiagrammen 61

M
Machtsverheffen 4
Macro 109
　absolute 113
　importeren 115
　opnemen 110
　relatieve 113
Managementinformatie 79
Markeerregels voor cellen 97
Matrix 6
Meer decimalen 7
Minder decimalen 7
Minigrafieken 77

N
Navigeren 18
Nesten 36

O
Oplosser 91
Opmaak wissen 61

P
Pareto-grafiek 68
Persoonlijke macrowerkmap
　110

Pivot table 79
Plakken speciaal 28
Procentnotatie 12

R
Randen 17, 61
Rekenen met tijd 102
Relatief kopiëren 13
Relatieve macro 113
Relatieve verwijzing 12
Rijen 1
　invoegen 48
　verbergen 48
　verwijderen 48
　zichtbaar maken 48
R-kwadraat 73

S
Scenario's 89
Slicer 84
Sneltoetsen 18
Solver 91
Sorteren 10
Sparklines 77
standaarddeviatie 48

T
Tekstfilters 17
Tekst terugloop 49
Tijd 102
Tijdlijn 85
Tijdrekenen 102
Titelblokkering opheffen 54
Titels blokkeren 54
Toekomstige waarde 27
Trendlijn
　exponentieel 73
Trendlijn opmaken 72
Trends 71

U
Uitlijning koptekst 49

V
Valuta 2
VBA-code 111
VBA-editor 111
Veldknoppen 82
Venster verbergen 112
Venster zichtbaar maken 112
Verticaal koptekst 49
Verticale as 61, 62
Visual Basic 115
Voorspellen 71
Voorspellingblad 75
Voorwaardelijke opmaak 97
Voorwaardelijk sommeren 34
Voorwaardelijk tellen 34
Vulgreep 3

W
Waardeveldinstellingen 81
Waarschuwingssymbool 9
　uitschakelen 9
Wat-als analyse 89
Werkblad beveiligen 105
Werkmap beveiligen 107
Wissen 61
Worteltrekken 4

Z
z-waarde 53